FRAGEN & ANTWORTEN

DEUTSCHE GESCHICHTE

FRAGEN & ANTWORTEN

DEUTSCHE GESCHICHTE

CORNELIA FRANZ

Parragon

Bath · New York · Singapore · Hong Kong · Cologne · Delhi · Melbourne

Copyright © Parragon Books Ltd
Queen Street House
4 Queen Street
Bath BA1 1 HE, UK

Producing: ditter.projektagentur Gmbh
Projektkoordination und Bildredaktion: Irina Ditter-Hilkens
Lektorat: Michael Konze
Layout: Malzkorn Kommunikation und Gestaltung GbR, Gerd Türke
Lithographie: Klaussner Medien Service GmbH

ISBN: 978-1-4054-7977-6

Printed in China

Die Autoren und Bearbeiter dieses Buches haben sich bei der Darstellung um größtmögliche Objektivität bemüht. Die Auswahl und Gewichtung der Ereignisse trägt gleichwohl subjektive Züge. Bis weit ins Mittelalter hinein ist die Quellenlage im Hinblick auf die Chronologie nicht immer eindeutig und unter Historikern bisweilen umstritten, sodass Differenzen zu anderen historischen Darstellungen möglich sind. Dies gilt auch für die Schreibweisen von Namen, Orten und Dokumenten.

Inhalt

Was ist Geschichte?

Was verstehen wir unter Geschichte?

Die Geschichte eines Landes besteht nicht nur aus der hohen Politik und dem Leben der Herrscher. Alles das, was einmal passiert ist, ist Geschichte. Und so geht es bei der Betrachtung der Vergangenheit auch immer um den Alltag der Menschen. Ein Geschichtsbuch bietet eine Fülle von Fakten, die uns das Leben unserer Vorfahren näher bringen. Und wer die Vergangenheit kennt, kann die Gegenwart besser verstehen.

Auch die Ereignisse in anderen Staaten – wie z. B. die Französische Revolution – können Einfluss nehmen auf die Geschichte des eigenen Landes.

Wie erforscht man die Vergangenheit?

Wer sich ein Bild früherer Zeiten machen will, braucht Quellen, die man „anzapfen" kann. Das sind zum Beispiel archäologische Funde wie der des Neandertalers oder Überreste historischer Bauten wie des römische Limes. Auch Urkunden, die ein Herrscher ausgestellt hat, Geburtsregister, Briefe, Landkarten, Gemälde, Tagebücher und Zeitungen gehören dazu. Je näher die Ereignisse an unsere Gegenwart heranreichen, desto zahlreicher werden die Quellen. Bei der Beschreibung der jüngeren Geschichte ist es nicht mehr möglich, all das Wissen wiederzugeben, das man über bestimmte Ereignisse gesammelt hat.

Weil Münzen aus Metall sind, können sie viele Jahrhunderte unbeschadet überstehen und so Zeugnis ablegen von vergangenen Zeiten.

Je weiter die Begebenheiten in der Geschichte zurückliegen, desto schwieriger ist deren Erforschung. So weiß man beispielsweise über unsere ältesten Vorfahren noch immer relativ wenig.

Bis heute sind zahlreiche Dokumente aus früheren Zeiten erhalten. Sie liefern Informationen über die Vergangenheit.

Beschreibt Geschichte tatsächlich die Wirklichkeit?

Es gibt keine allein gültige, die Wirklichkeit tatsächlich wiedergebende Geschichtsschreibung. Immer kommt die Sichtweise dessen, der Quellen und Spuren deutet oder Tatsachen beschreibt, mit ins Spiel. Die meisten Historiker bemühen sich allerdings, ihre eigenen Vorstellungen und Werte nicht in die Interpretation der Vergangenheit einfließen zu lassen.

Denkmäler wie das Völkerschlachtdenkmal bei Leipzig erinnern an wichtige geschichtliche Ereignisse.

Wann beginnt die deutsche Geschichte?

Manche Historiker lassen sie um das Jahr 800 beginnen, denn damals vereinte Karl der Große alle germanischen Stämme zu einem Reich. Aber zu diesem Reich – dem Frankenreich – gehörten auch die Gebiete, die heute Frankreich und Belgien bilden. Die Geschichte Deutschlands ist also zunächst auch die Geschichte Mitteleuropas. Die Grenzen des Deutschen Reichs waren von Anfang an fließend, je nachdem, wer gerade herrschte, welche Kriege gewonnen oder verloren wurden, welche Gebiete neu erobert wurden oder aber abgetreten werden mussten. Man kann die Geschichte Deutschlands auch mit den ersten Menschen beginnen lassen, die im späteren deutschen Raum gesiedelt haben, also mit der Steinzeit. Schritt für Schritt kann man dann verfolgen, wie sich das Leben der Menschen gewandelt hat – von den ersten Gemeinschaften bis zum modernen Staat. Eine spannende Entdeckungsreise, die im Hier und Heute endet.

Der Beginn der deutschen Geschichte ist unter Forschern strittig. Häufig wird er mit der Herrschaft Karls des Großen um das Jahr 800 angesetzt.

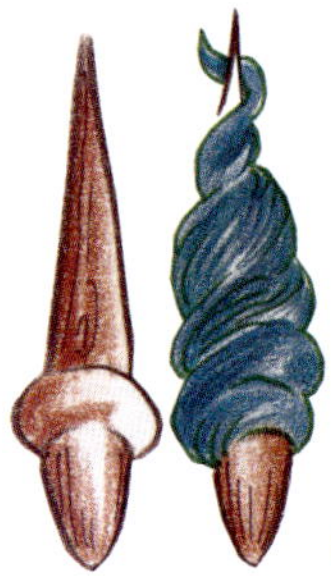
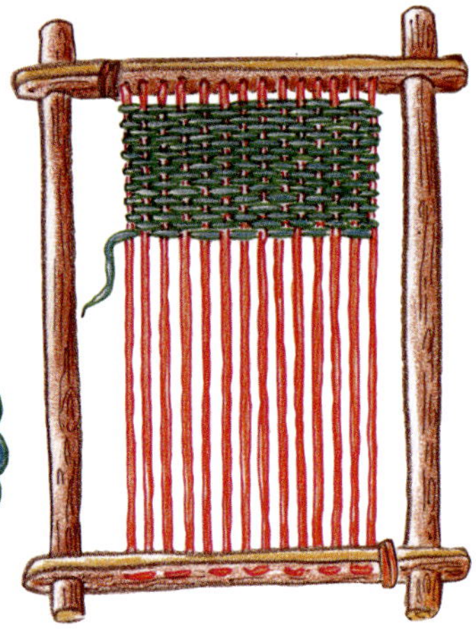

Die Anfänge unserer Geschichte

Von der Steinzeit zur Eisenzeit

Woher wissen wir, wie unsere frühesten Vorfahren gelebt haben?

Genaues Wissen haben wir nicht, denn da die Menschen noch keine Sprache hatten, kann es auch keine Aufzeichnungen geben. Aber Funde von Skelettresten und einfachen Werkzeugen sowie Felszeichnungen geben den Forschern Hinweise auf das Leben in der Steinzeit.

Ab wann besiedelten Menschen die Gegend des heutigen Deutschlands?

Der älteste Fund eines Menschenskeletts, ein Unterkiefer, wurde bei Heidelberg gefunden. Diesen Menschentyp nennt man deshalb *homo heidelbergensis*. Er wird auf 600 000 bis 500 000 Jahre v. Chr. geschätzt.

Herstellung von Pfeilspitzen in der Bronzezeit: Eine Gussform aus Ton wurde um ein hölzernes Modell herum geformt und im Feuer gebrannt. In den Hohlraum goss man flüssige Bronze. Nach dem Aushärten wurde die Form zerschlagen.

Warum sprechen wir von Steinzeit, Kupferzeit, Bronzezeit und Eisenzeit?

Diese Namen leiten sich von dem Material ab, aus dem die Menschen damals Werkzeug und Waffen, religiöse und Gegenstände des alltäglichen Lebens hergestellt haben. Um 500 000 v. Chr. wurden in Mitteleuropa erstmals Steine, ab etwa 4300 v. Chr. Kupfer, ab 1800 v. Chr. dann Bronze verarbeitet. Um 800 v. Chr. begann schließlich die Eisenzeit.

In der Altsteinzeit lebten die Menschen als Jäger. Ein Mammut, das die Männer erlegten, lieferte den Menschen für viele Wochen Nahrung. Felle wurden zu Kleidung und Zelten, die Stoßzähne zu Werkzeug verarbeitet.

Wann wurden in Mitteleuropa aus umherstreifenden Jägern und Sammlern sesshafte Bauern?

In der Mittelsteinzeit, etwa um 8000 v. Chr., entdeckten die Menschen, dass aus Samen neue Pflanzen wachsen, die man gezielt anbauen kann. Außerdem lernten sie, Wildtiere zu zähmen und zu züchten. Damit war die Voraussetzung für die Errichtung fester Siedlungen geschaffen.

Wer waren die Kelten?

Die Kelten waren indogermanische Stämme, die in der Eisenzeit weite Teile Europas besiedelten. Sie hatten eine gemeinsame Sprache und Religion, bildeten aber nie ein eigenes Reich. Auf dem Gebiet des heutigen Deutschland waren sie zu jener Zeit die bedeutendste Volksgruppe; wichtige Siedlungszentren lagen in Württemberg und am Mittelrhein. Sie sind jedoch nicht unsere Vorfahren, da sie von den Germanen verdrängt wurden.

In den typischen keltischen Rundhütten lebten die Großfamilien auf engem Raum mit ihren Tieren zusammen.

Mit dieser Steinbohrmaschine konnte man Schaftlöcher in steinerne Klingen bohren. Dadurch wurden die Äxte und Messer stabiler.

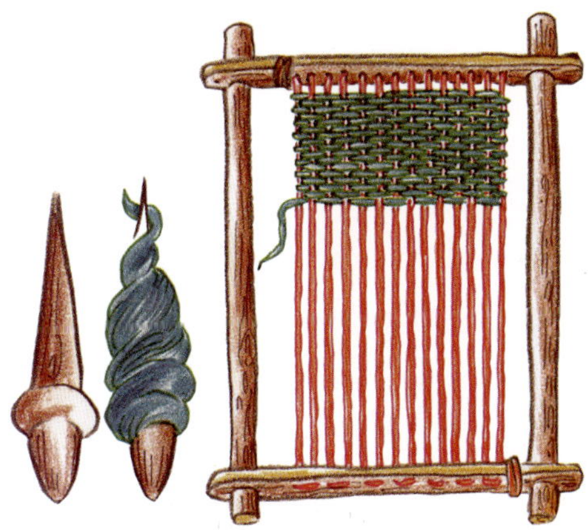

Etwa 5000 v. Chr. wurden die ersten einfachen Webrahmen erfunden. So konnte man aus Flachs oder Schafswolle Stoffe und Decken weben.

In der Steinzeit lernten die Menschen, Steine zu schleifen. So konnten sie scharfe Klingen herstellen, zum Beispiel für solche Steinäxte.

Stimmt das?

Der Neandertaler ist eine Sagengestalt

Nein, 1856 fand man im Neandertal bei Düsseldorf Knochen, die von kleinen, langarmigen Menschen stammen müssen. Die Menschen, die dieser Entwicklungsstufe entsprachen, wurden daraufhin „Neandertaler" genannt. Sie haben ab etwa 200 000 v. Chr. bis vor etwa 30 000 Jahren in Europa gelebt.

Die Germanen

Wer waren die Germanen?

Als Germanen bezeichnet man verschiedene Volksstämme, die etwa seit dem 2. Jahrtausend v. Chr. in Nord- und Mitteleuropa lebten. Sie hatten eine ähnliche Sprache, Kultur und Abstammung, waren aber kein einheitliches Volk. Zu ihnen zählten unter anderen die Sachsen, die Langobarden, die Sweben und die Friesen. In der Zeit um etwa 300 v. Chr. bewohnten sie ganz Nord- und Mitteldeutschland. Bis zum 1. Jahrhundert v. Chr. hatten sich die germanischen Stämme immer weiter nach Westen und Süden ausgebreitet und die Kelten bis zum Rhein und zur Donau verdrängt.

Die Kleidung der Germanen bestand aus gewebter Wolle oder Leinen. Unverheiratete Frauen durften das Haar offen tragen und sich mit einem Metallreif am Arm schmücken.

Zu den wichtigsten germanischen Göttern gehören der Donnergott Donar, auch Thor genannt, die Urmutter Freya sowie Wodan, der für das Kriegsglück und das Wetter zuständig war.

Bezeichneten sich die Stämme damals selbst als Germanen?

Nein, da sie sich nicht als ein Volk verstanden, kannten sie auch keinen gemeinsamen Namen. Zum ersten Mal taucht der Begriff bei dem griechischen Geschichtsschreiber Poseidonius um 80 v. Chr. auf.

Stimmt das?

Wir verdanken Julius Cäsar unser Wissen über die Germanen.

Cäsar war tatsächlich einer der ersten, der die Germanen beschrieb, und zwar in seiner Schrift „De bello Gallico" („Der Gallische Krieg") aus dem Jahr 51 v. Chr. Genauer jedoch erzählt sein Landsmann Tacitus über das Leben der Germanen. Etwa um 98 n. Chr. erschien seine Schrift „De origine et situ Germanorum" („Über den Ursprung und den Lebensraum der Germanen").

Konnten die Germanen schreiben?

Etwa ab dem 2. Jahrhundert n. Chr. benutzten die germanischen Völker Schriftzeichen, die sie in Stein oder Holz einritzten. Auch Waffen trugen solche Zeichen; sie werden Runen genannt, was sich von dem germanischen Wort *run* (geschriebene Mitteilung) ableitet.

Hast du das gewusst?

Die Germanen ritzten Runen in Holzstäbchen, die sie dann als Orakel benutzen. Von den Buchen-Stäben, auf die die Runen geritzt wurden, leitet sich das Wort Buchstabe ab.

Die germanischen Frauen waren für die Kinder, das Haus, den Hof und die Tiere zuständig. Die Männer gingen auf die Jagd und zogen in den Kampf.

Welche der heutigen Sprachen sind germanischen Ursprungs?

Deutsch, Englisch, Niederländisch, Friesisch und Jiddisch sind westgermanische Sprachen. Dänisch, Schwedisch, Norwegisch, Faröisch und Isländisch sind nordgermanisch.

ᚠ	ᚢ	ᚦ	ᚨ	ᚱ	ᚲ	ᚷ	ᚹ	ᚺ	ᚾ	ᛁ	ᛃ
f	u	th	a	r	k	g	w	h	n	i	j
ᛇ	ᛈ	ᛉ	ᛊ	ᛏ	ᛒ	ᛖ	ᛗ	ᛚ	ᛜ	ᛟ	ᛞ
eu	p	z	s	t	b	e	m	l	ng	o	d

Runen sind die ältesten Schriftzeichen der Germanen. Man fand Runen vor allem auf Waffen, Schmuck oder Grabsteinen, zusammenhängende Texte gab es kaum.

Die Zeit der Römer

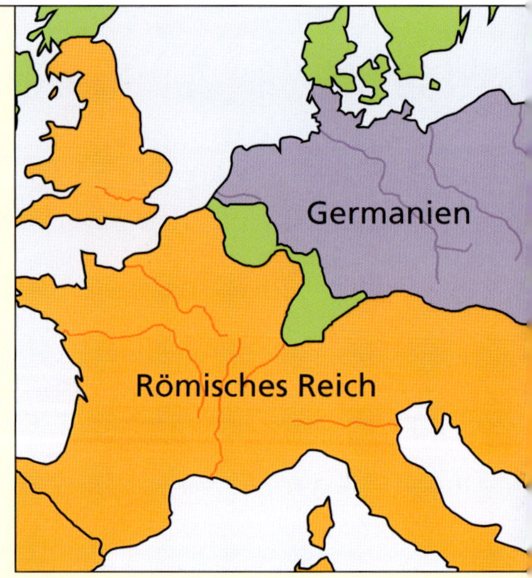

Das Römische Reich umfasste im 1. Jahrhundert v. Chr. einen großen Teil der damals bekannten Welt. Nur nach Germanien waren die Römer noch nicht vorgedrungen, in das „Land der Barbaren".

Was war das Römische Reich?

Das auf lateinisch *Imperium Romanum* genannte Reich war ein von der Stadt Rom beherrschtes Gebiet. Es bestand etwa vom 6. Jahrhundert v. Chr. bis zum 5./6. Jahrhundert n. Chr.

Konnten die Römer Germanien erobern?

Nach der Eroberung ganz Galliens durch Cäsar im Jahr 58 v. Chr. reichte das Römische Reich bis zum Rhein und damit bis an die Grenze zum germanischen Gebiet. Dort kam es immer wieder zu Kämpfen, einige germanische Stämme wurden zum Friedensschluss gezwungen. Kaiser Augustus beschloss schließlich, Germanien zu erobern. Ab 12 v. Chr. drangen römische Truppen bis zur Elbe vor. Sie befestigten das besiegte Land mit Heerstraßen und Lagern, aus denen später Städte wurden. Germanien wurde zur römischen Provinz.

Julius Cäsar war ein brillanter Feldherr und ab 46 v. Chr. Alleinherrscher des Römischen Reichs. Zwei Jahre später, am 15. März, wurde er ermordet.

Warum waren die Römer für unsere Kultur so bedeutsam?

Die Römer verbreiteten in großen Teilen Europas ihre Kultur. Auch die Germanen wurden durch ihre Lebensweise, Gebräuche und Gesetze stark beeinflusst.

Kaiser Augustus regierte Rom von 31 v. Chr. – 14 n. Chr. Er kam, wie fast alle römischen Herrscher, nur mit List und Grausamkeit an die Macht. Doch dann gelang es ihm, seine eigene Herrschaft und den römischen Staat für lange Zeit zu sichern.

Der Limes bestand zunächst aus Wachtürmen. Später kamen Palisadenzäune, Gräben und Wälle hinzu, um das von den Römern besetzte Gebiet gegen germanische Überfälle zu sichern.

Wer war Arminius, der Cherusker?

Arminius (16. v. Chr.–21 n. Chr.) war ein Soldat vom Stamm der Cherusker, der im römischen Heer gedient hatte. Er war jedoch, wie so viele Germanen, unzufrieden mit der Herrschaft der Römer. Im Jahr 9 n. Chr. lockte er die Truppen des römischen Statthalters von Germanien, Varus, in eine Falle. Rund 20 000 römische Soldaten wurden getötet – ein gewaltiger Schlag gegen Rom. Der Kaiser klagte: „Varus! Varus! Gib mir meine Legionen wieder!" Acht Jahre später zogen sich die Römer aus Germanien zurück, nur die Gebiete links des Rheins blieben ihnen. Arminius ging unter dem Namen „Herrmann, der Cherusker" als Befreier Germaniens in die Geschichte ein.

Auf der altgermanischen Grotenburg im Teutoburger Wald steht das 1875 erbaute Hermannsdenkmal. Es wurde zu Ehren des Arminius errichtet und ist Symbol für die Einheit Deutschlands. Warum Arminius „Hermann" genannt wird, ist nicht geklärt.

Bei Taunusstein wurde ein Wachturm des Limes wieder aufgebaut.

Was ist der Limes?

Das lateinische Wort *limes* bedeutet „Grenze". Nachdem sich die Römer aus Germanien zurückgezogen hatten, kam es in den römisch-germanischen Grenzgebieten immer wieder zu Überfällen durch germanische Stämme. Deshalb ließ Kaiser Domitian 84 n. Chr. eine Befestigung errichten – den Limes. Er wurde nach und nach auf eine Länge von 548 Kilometern ausgebaut.

Fand die Varus-Schlacht im Teutoburger Wald statt?

Nein, obwohl man das früher annahm. Deshalb errichtete man als Symbol für die Einheit Deutschlands 1875 auf der altgermanischen Grotenburg im Teutoburger Wald das Hermannsdenkmal. Heute geht man davon aus, dass die Schlacht in Kalkriese bei Osnabrück stattfand.

Die römischen Soldaten unter ihrem Anführer Varus wurden von Arminius in einen Hinterhalt gelockt. Die schreckliche Schlacht dauerte drei Tage.

Die große Völkerwanderung

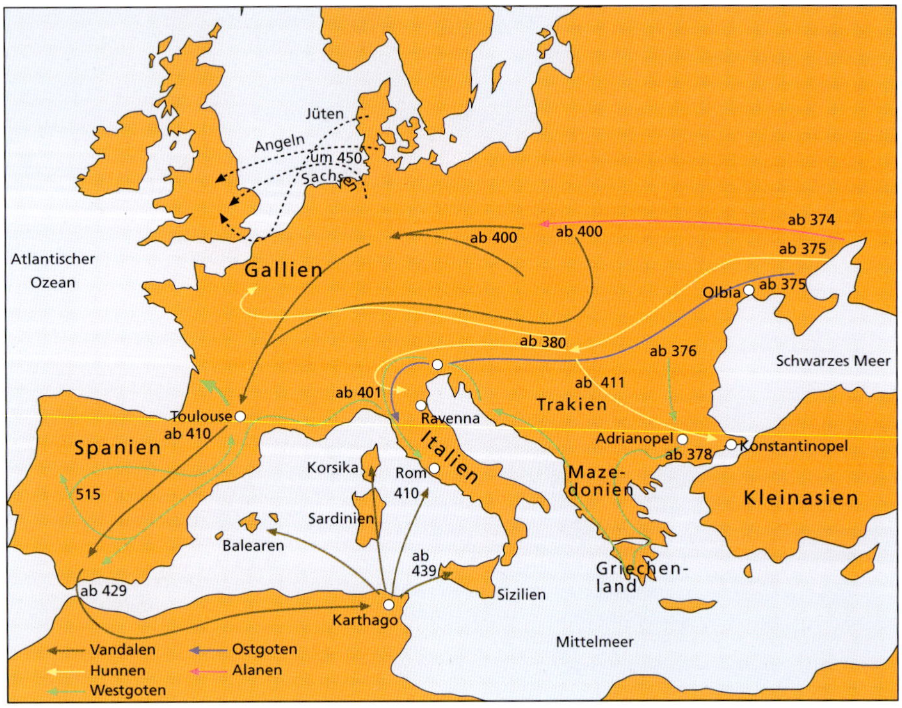

Was war die große Völkerwanderung?

Eigentlich muss man von den Völkerwanderungen sprechen. Denn innerhalb von rund 200 Jahren, vor allem zwischen etwa 400 und 600 n. Chr., zogen etliche meist germanische Stämme und Völker von Osten aus nach Süd- und Westeuropa. So kam es zu einer Neuverteilung der Stämme in ganz Europa.

Durch die Wanderungen der Stämme und Völker nach Westen veränderte sich das Gesicht Europas.

Warum verließen so viele Menschen gemeinsam ihre Heimatregionen?

Die Lebensbedingungen im Nordosten Europas wurden vermutlich durch zunehmende Bevölkerungszahlen und schlechte Klimaverhältnisse immer schwieriger. Die Wanderungen einzelner Stämme führten zu einer Kettenreaktion, denn andere Stämme versuchten ihnen auszuweichen. Vor allem aber war es das Vordringen der Hunnen, dass die Völker aus dem Osten vertrieb.

Mit ihrem wenigen Hab und Gut zogen die Menschen, gemeinsam mit ihren Nutztieren, quer durch Europa.

Münze mit dem Kopf Attilas, des mächtigen Hunnenkönigs

Wer waren die Hunnen?

Es waren Nomadenstämme aus Zentralasien. Wahrscheinlich zogen sie nach Europa, weil sie neuen Weideraum für ihre Viehherden suchten. Der Einfall des wilden Reitervolks aus dem Osten im Jahr 375 gilt als der wesentliche Auslöser der Wanderbewegungen. Zur Zeit ihres berühmten Königs Attila (434–453) erreichten die Hunnen ihre größte Macht.

Die Hunnen galten als hervorragende Reiter und furchtlose Krieger.

Wodurch endeten die Völkerwanderungen?

Das Römische Reich war bereits durch innenpolitischen Streit geschwächt und seit dem Jahr 395 in das Oströmische und das Weströmische Reich geteilt. Die vordringenden germanischen Stämme besiedelten römische Gebiete, zum Teil mit Einwilligung der Römer, zum Teil durch deren Vertreibung. Als das stabilste der so entstandenen neuen Reiche sollte sich das 482 von Chlodwig gegründete Frankenreich erweisen. 568 fielen die Langobarden in Norditalien ein und errichteten dort ihr Reich. Die Zeit der großen Völkerwanderungen war zu Ende.

Gab es auch in späteren Zeiten Völkerwanderungen?

Ja, vom 8. bis zum 10. Jahrhundert zogen die Wikinger von Nordeuropa aus gen Süden. Auch sie wurden nach etlichen Eroberungen schließlich sesshaft, z. B. in England und in der Normandie.

Hast du das gewusst?

Durch die Hunnen kam neben dem stabilen Sattel eine weitere Neuheit nach Europa: Der Steigbügel erlaubte es dem Krieger, sich im Ritt aufzurichten und seine Pfeile nach allen Seiten hin abzufeuern.

Das Mittelalter

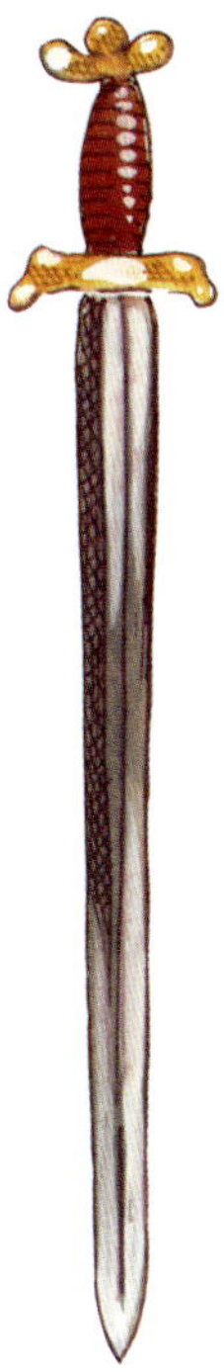

Die Entstehung des Frankenreichs

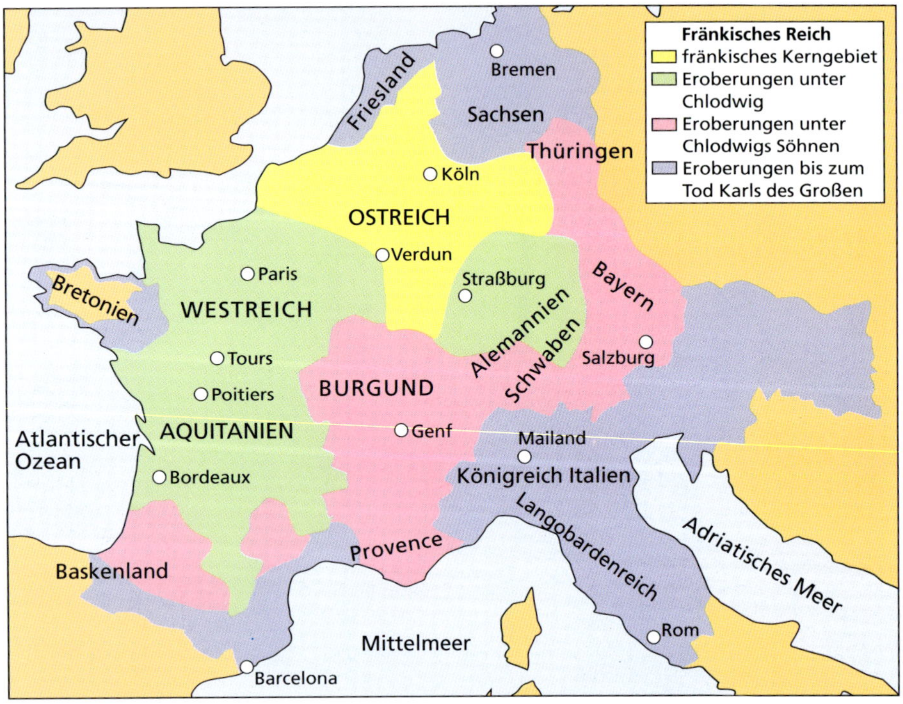

Die Frankenherrscher eroberten nach und nach ein großes Reich, aus dem sich später die Staaten Mitteleuropas bildeten.

Wer war Chlodwig I.?

Chlodwig (466–511), ein fränkischer Fürst aus dem Geschlecht der Merowinger, schuf das Frankenreich. Er vertrieb die letzten Römer aus Nordgallien, eroberte etliche Gebiete und schaffte durch List und Verrat alle anderen fränkischen Fürsten aus dem Weg. Im Jahr 482 wurde er zum König des neuen großen Reichs.

König Chlodwig ließ sich im Jahr 498 taufen. Dadurch akzeptierten ihn die Bischöfe in den eroberten Gebieten als Herrscher.

Welche Zeit umfasst das Mittelalter?

Man bezeichnet damit die rund 1000 Jahre von ca. 500 bis 1500 n. Chr. Das Mittelalter beginnt mit Ende des Römischen Reichs.

Die Krieger der Franken ritten mit geschorenen Köpfen und geknoteter Haarkrone in die Schlacht. Sie waren sehr gute Kämpfer zu Pferd und wurden mit Anteilen an der Beute belohnt.

Was ist das Frankenreich?

Es war das bedeutendste Reich, das sich nach dem Ende des Römischen Reiches in Europa bildete. Zu ihm zählten germanische und romanische Völker. Aus dem Frankenreich entwickelten sich später Deutschland und Frankreich.

Welchen Glauben hatten die Franken?

Chlodwig ließ sich 498 taufen. Er ebnete so dem Christentum den Weg in Mitteleuropa. Dennoch dauerte es über 200 Jahre, bis sich die neue Religion beim Volk durchsetzte.

Warum bildeten sich zwei verschiedene Sprachen heraus?

Die westlichen Landesteile des großen Frankenreichs waren lange Zeit römische Provinz gewesen. Hier war die romanische (römische) Kultur noch sehr lebendig. Es entwickelte sich das Altfranzösische als romanische Sprache. Die Gebiete östlich des Rheins bildeten über lange Zeit – bis auf die recht kurze römische Besetzung – das freie Germanien. Und so setzte sich hier das Althochdeutsche durch. Amts- und Schriftsprache des Reichs war Latein.

Pippin der Jüngere, ein Sohn Karl Martells, ließ sich von den fränkischen Adeligen zum König ausrufen. Damit sein Königtum von Gott geweiht war, mussten ihn die Bischöfe salben.

Wer war der Hausmeier Karl Martell?

Der Hausmeier war der höchste Beamte im Frankenreich. Weil Chlodwigs Nachkommen schwache Könige waren, war schließlich der Hausmeier der wichtigste Mann im Land und nicht der König. Karl Martell (688–741), der 714 das Amt des Hausmeiers übernahm, verhinderte, dass sich einzelne Landesteile, etwa Alemannien oder Friesland, abspalteten.

Warum wurde Karl Martell „Retter des Abendlands" genannt?

Als die Araber ins Frankenreich eindrangen, schlug Martell sie im Jahr 732 mit seinem Heer in die Flucht. Möglicherweise wäre Mitteleuropa sonst unter die Vorherrschaft des islamischen Morgenlands geraten.

Im Jahr 732 schlugen die fränkischen Krieger unter Karl Martell den Angriff der Araber bei Poitiers nieder.

Wie schaffte es Karl Martells Sohn Pippin, König zu werden?

Pippin der III. (auch der Jüngere genannt) wollte nicht nur als Hausmeier regieren. Und so verbannte er 751 den letzten Merowingerkönig Childerich III. ins Kloster und ließ sich selbst zum König ausrufen. Zur Sicherheit ließ er sich von den Bischöfen noch mit geweihtem Öl salben. So wurde er der erste König, der sich darauf berief, sein Amt von Gott zu haben.

Das Reich der Deutschen entsteht

Wer war der erste deutsche Kaiser?

Das war Karl (747–814), der Sohn Pippins III., nach dem das Adelsgeschlecht der Karolinger benannt wurde. Er erhielt den Beinamen „der Große", weil er alle germanischen Stämme vereinte und so ein noch größeres Frankenreich schuf. Im Jahr 800 krönte ihn der Papst überraschend in Rom zum Kaiser.

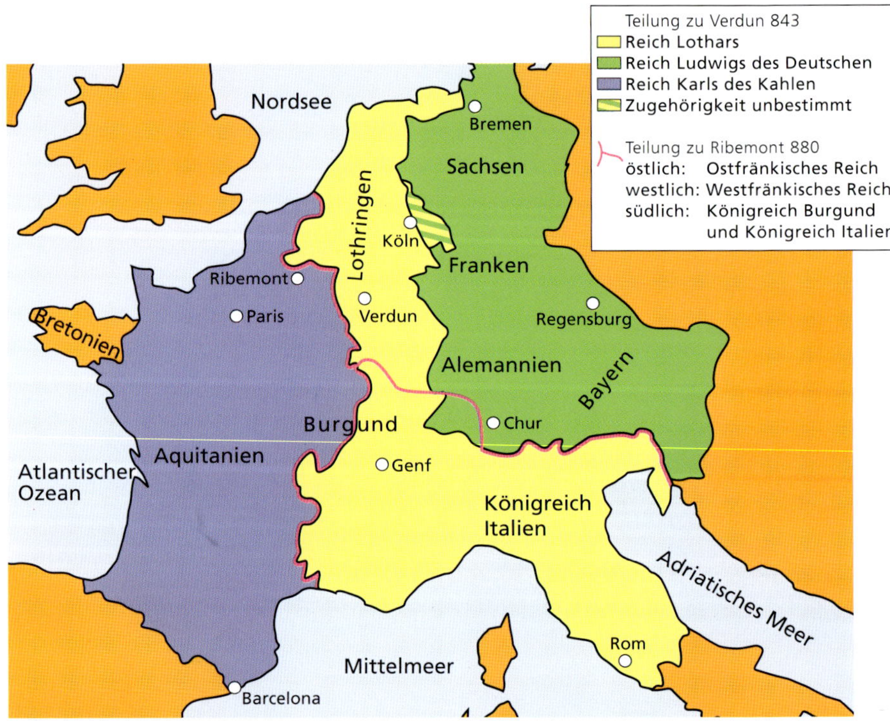

Nach den beiden Teilungen des Frankenreichs sind die heutigen Gebiete Frankreichs und Deutschlands zu erkennen.

War Karl der Große ein guter Landesvater?

Karl tat viel für die Menschen. Er ließ Wälder roden, um Ackerflächen zu schaffen, und gründete Klosterschulen für die Söhne der freien Bauern und Handwerker. Widerstand jedoch bekämpfte er unerbittlich: Gegen die Sachsen, die sich den Franken nicht unterwerfen wollten, führte er jahrzehntelang Krieg.

Bei einem Weihnachtsgottesdienst im Jahr 800 setzte Papst Leo III. Karl dem Großen im Petersdom die Kaiserkrone auf.

Wie entstand das „Reich der Deutschen"?

Nach dem Tod Karls des Großen gab es unter seinen Nachkommen viel Streit. Seine Enkel teilten das riesige Reich schließlich in drei Gebiete auf: Im Jahr 843 bekam Karl der Kahle den westlichen Teil, Ludwig der Deutsche den östlichen und Lothar I. den mittleren. Als Lothar starb, teilten die beiden Brüder sein Land unter sich auf. Nun gab es zwei Reiche: das Westfrankenreich, das später Frankenreich genannt wurde, und das Ostfrankenreich, das den Namen *Regnum Teutonicum* (Reich der Deutschen) bekam.

War das „Reich der Deutschen" schon ein eigenständiges Land?

Nein. Zunächst gab es im Ostfrankenreich keine gemeinsame Politik. Das Land bestand aus fünf Stammesherzogtümern: Bayern, Sachsen, Schwaben (Alemannien), Franken und Lothringen. Erst als sich im Jahr 936 die Stammesfürsten auf einen starken Herrscher, den Sachsenkönig Otto I. der Große, verständigten, erreichten sie mehr Einigkeit. Ab der Krönung Ottos zum Kaiser im Jahre 962 nennt man das deutsche Kaiserreich „Heiliges Römisches Reich Deutscher Nation".

Otto I. war der erste starke König seit Karl dem Großen. 962 wurde auch er vom Papst zum Kaiser gekrönt.

Die so genannten Drachenschiffe der Wikinger waren aufgrund ihres stromlinienförmigen Baus überaus wendig. An Bord waren bis zu 60 Ruderer.

Wer waren die Wikinger?

Die Wikinger oder auch Nordmannen/Normannen waren geschickte Seefahrer aus Skandinavien. Sie verließen Ende des 8. Jahrhunderts ihre Heimat und plünderten viele Orte im Frankenreich. Weil die Frankenfürsten zu zerstritten waren, um sich gemeinsam zu wehren, stießen sie auf wenig Widerstand. Im 10. Jahrhundert wurden die Wikinger vor allem in England und im Frankenreich sesshaft – in der heutigen Normandie.

Hast du das gewusst?

Die Wikinger erreichten fast 500 Jahre vor Kolumbus Amerika. Schon im Jahr 1000 landete Leif Eriksson mit 35 Männern an der Küste Amerikas, vermutlich in der Nähe des heutigen Boston. Eigentlich muss er als „Entdecker" des Kontinents gesehen werden.

Mit ihren kleinen wendigen Drachenschiffen gelang es den Wikingern, blitzschnell an feindlichen Küsten zu landen und die nahe gelegenen Dörfer und Städte zu überfallen.

Das Hochmittelalter

Welche Zeit umfasst das Hochmittelalter?

Es umfasst die Epoche, in der die Könige aus dem Adelsgeschlecht der Salier und der Staufer regierten. 1024 wählten die deutschen Fürsten mit Konrad II. den ersten Salier zum König. Die Staufer regierten von 1138 bis Mitte des 13. Jahrhunderts.

Wer waren die Staufer?

Die Staufer erhielten ihren Namen durch ihre Stammburg Hohenstaufen in Schwaben. Sie waren das glänzendste Fürstengeschlecht des Mittelalters und förderten Kunst und Kultur.

Woher kommt der Name Barbarossa?

Friedrich I. führte viele Kriegszüge gegen die reichen Städte Oberitaliens. Wegen seines roten Bartes wurde er dort Barbarossa genannt.

Ob der berühmte Bart des Kaisers Barbarossa (1122–1190) tatsächlich so imposant war, wie hier dargestellt, wissen wir nicht.

Wer war Kaiser Barbarossa?

Barbarossa war ein Staufer, der eigentlich Friedrich I. hieß. 1155 wurde er zum Kaiser gekrönt. Seine lange Herrschaft war der Höhepunkt des deutschen Kaisertums. Er galt als vorbildlicher Ritter.

Stimmt das?

Barbarossa starb ganz unritterlich beim Baden in einem Fluss.

Ja, Kaiser Rotbart wollte sein Rittertum mit einem Kreuzzug nach Jerusalem krönen. Doch auf dem Weg ins Heilige Land ertrank er im Fluss Saleph. Ob beim Baden oder aber beim Überqueren des Flusses ist allerdings nicht geklärt.

Mit wem stritten die Staufer um die Königsmacht in Deutschland?

Das waren die Welfen. Der Welfenherzog Heinrich der Löwe war ein mächtiger Gegenspieler Barbarossas. Er gründete Städte wie München, Lübeck und Schwerin. Der Kaiser zwang ihn, die Herzogtümer Sachsen und Bayern abzugeben. Von 1198 bis 1212 gab es sogar zwei deutsche Könige gleichzeitig, einen Staufer und einen Welfen.

Heinrich der Löwe (1129–1195) war ein machthungriger Herzog. Anders als sein Vetter Kaiser Barbarossa galt er nicht als ritterlich, sondern als rücksichtslos.

Gregor VII. (um 1020–1085) gilt als einer der bedeutendsten Päpste. Die nach ihm benannte Reform grenzte die geistliche und weltliche Gewalt stärker voneinander ab und betonte den päpstlichen Führungsanspruch.

Hast du das gewusst?

Als eine der bedeutendsten Frauen des Mittelalters wird die Nonne Hildegard von Bingen (1098–1179) noch heute verehrt. Sie schrieb theologische Texte, aber auch Abhandlungen über Medizin und Pflanzenkunde. Selbst Kaiser Barbarossa holte sich bei ihr Rat.

In der Stadt Worms wurde der Investiturstreit 1122 beendet. Das Wormser Konkordat legte fest, dass die deutschen Könige nicht mehr allein bestimmen durften, wer Bischof wurde.

Was war der Investiturstreit?

Das Wort bezeichnet die Auseinandersetzungen zwischen den beiden größten Mächten im Mittelalter: der Krone und der Kirche. Der Salierkönig Heinrich IV. stritt sich mit Papst Gregor VII. darum, wer das Recht hatte, Bischöfe einzusetzen (lat. *investitura* = Einkleidung, Einsetzung). Das Amt des Bischofs war sehr wichtig und die Kirche wollte nicht länger hinnehmen, dass die Könige darüber bestimmten. Heinrich erklärte den Papst 1076 für abgesetzt, woraufhin der Papst den Bann über ihn aussprach. Damit standen Heinrichs Königreich und sein Leben auf dem Spiel. Er musste den Papst um Verzeihung bitten.

Im Winter 1077 trat Heinrich IV. seinen Gang nach Canossa an. Vor den Toren der gleichnamigen italienischen Burg warf er sich schließlich auf den Boden, um Gregor VII. um Verzeihung zu bitten.

Die mittelalterliche Ordnung

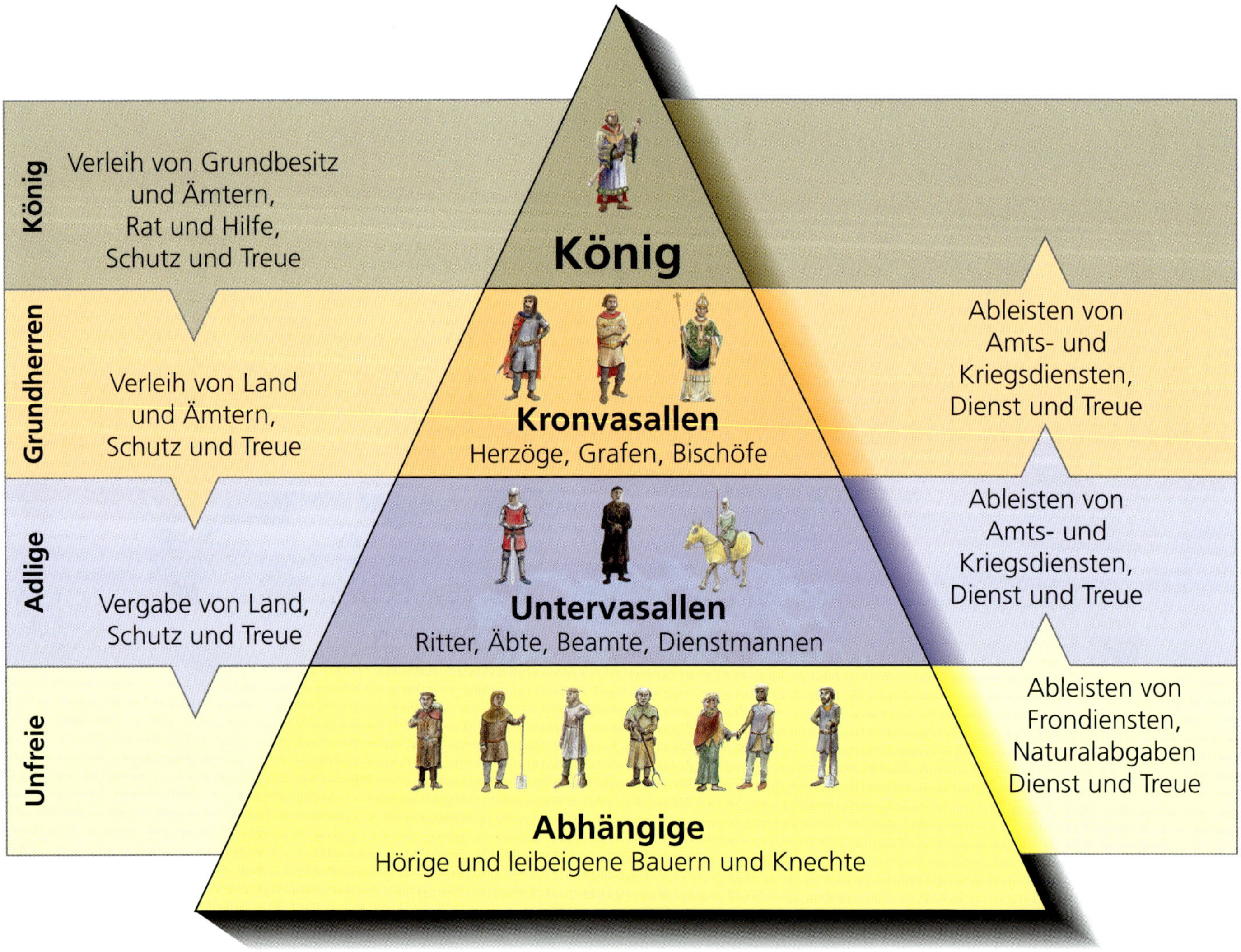

Die Lehnspyramide zeigt, wie die Gesellschaft im Mittelalter geordnet war.

Wählten die Menschen ihren Beruf selbst aus?

Das Leben der Menschen im Mittelalter war in erster Linie davon abhängig, in welchen Stand sie geboren wurden. Daher war es kaum möglich, sich einen Beruf auszusuchen. Die Kinder wurden das, was ihre Eltern auch waren, ob unfreier Knecht oder Bauer, Handwerker, Kaufmann, einfacher Ritter oder hoher Adeliger.

Was waren Unfreie oder Hörige?

Nach mittelalterlichem Rechtsverständnis gehörten die unfreien hörigen Bauern, Knechte oder Mägde einem Grundherren, unter dessen Schutz sie standen. Sie mussten ihm Frondienste leisten, also ohne Bezahlung für ihn arbeiten. Die Bauern, die ein Stück Land bewirtschafteten, mussten einen Teil ihrer landwirtschaftlichen Erzeugnisse abliefern. Sie durften nicht wegziehen und nur mit Erlaubnis heiraten. Allerdings durften sie nicht verkauft werden.

Gab es damals viele Unfreie?

Ja, die meisten Menschen waren unfreie Bauern. Ihre Kinder wurden ebenfalls als Unfreie geboren. Sie bildeten den untersten Stand der Gesellschaft.

Bischof Schreiber Adelige Adeliger Falkner Ritter

Gab es in Deutschland Sklaven?

Ja, beispielsweise Gefangene aus den eroberten Gebieten. Den Sklaven und Leibeigenen erging es noch schlechter als den Unfreien. Sie hatten keinerlei Rechte und wurden wie Vieh behandelt.

Stimmt das?

Die Bauernkinder lebten schon mit etwa sieben Jahren wie die Erwachsenen.

Ja, im Mittelalter war die Kindheit kurz. Schon die Kinder arbeiteten von früh bis spät auf dem Hof und den Feldern. Viele Kinder starben sehr jung. Die Mädchen wurden oft schon mit 13 Jahren verheiratet.

Kaufmann Bogenschütze

Was ist das Lehnswesen?

Um ihr großes Reich verwalten zu können, verliehen die Könige und Kaiser Land an so genannte Lehnsmänner. Als Gegenleistung bekamen sie Soldaten gestellt. Die Lehnsmänner (Vasallen) verliehen ihrerseits wieder Land an niedriger stehende Lehnsleute. Wer wessen Lehnsherr sein durfte, war genau festgelegt. Bauern, Handwerker und auch Frauen konnten kein Lehen bekommen. Übrigens wurde nicht nur das Land verliehen, sondern auch die dort lebenden Menschen.

Bauer Bettler

Hast du das gewusst?

Sich „anständig“ benehmen bedeutete ursprünglich, sich so zu benehmen, wie es die Standesregeln vorsahen. Dazu gehörte auch die „standesgemäße“ Kleidung: Eine Bäuerin durfte sich nicht wie eine Adlige kleiden.

Das Rittertum

Wie entstand das Rittertum?

Im 8. Jahrhundert waren die Ritter lediglich unfreie Knechte, die für ihre Herren in den Kampf ziehen mussten. Dafür wurden sie mit Waffen und Pferden versehen. Doch sie entwickelten sich zu angesehenen Kämpfern. Etwa ab dem 11. Jahrhundert bildeten die Ritter einen neuen Stand, der mit dem Adel verschmolz.

Was ist ein Knappe?

Mit 14 Jahren wurde aus dem Pagen ein Knappe. Er zog nun mit seinem Ritter in den Krieg, half ihm im Umgang mit der schweren Rüstung und versorgte die Pferde. Oft musste er auch selbst schon kämpfen. Mit 20 Jahren wurde der Knappe dann zum Ritter.

Stimmt das?

Die Söhne der Ritter wurden schon mit sieben Jahren weggeben.

Ja, meist kamen sie zum Lehnsherren des Vaters. Dort lernten sie als Pagen höfische Umgangsformen, manchmal auch lesen und schreiben.

Hast du das gewusst?

Die Ritter hielten in Friedenszeiten nicht nur Turniere ab, sie spielten auch gerne Schach, Mühle und Backgammon.

In Friedenszeiten kämpften die Ritter auf Turnieren gegeneinander. Der Zweikampf mit der Lanze zu Pferd wurde Tjost genannt.

Kämpften die Ritter bei ihren Turnieren mit echten Waffen?

Ja, doch nur bis ins 14. Jahrhundert. Dann wurden die Turniere entschärft und man kämpfte mit stumpfen Waffen.

Was für Waffen hatten die Ritter?

Die wichtigste Waffe war das bis zu zwei Meter lange Schwert; meist war es aus Stahl. Lanzen konnten bis zu 3,50 Meter lang sein. Gefürchtet war auch der Morgenstern, da man mit ihm selbst dickste Rüstungen zerschlagen konnte. Im Bodenkampf benutzten die Ritter auch Armbrust, Streitaxt sowie Pfeil und Bogen.

Wie entstand das Raubrittertum?

Ab dem 12. Jahrhundert entwickelte sich in den Städten ein neuer Stand: das Bürgertum. Den damit zusammenhängenden Veränderungen gegenüber erwies sich das Rittertum als nicht mehr zeitgemäß. Viele Ritter verarmten immer mehr und manche wurden zu Räubern, also Raubrittern.

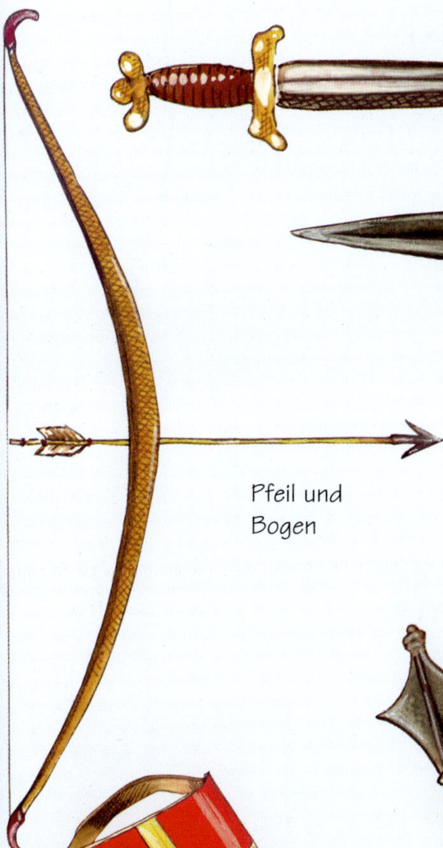

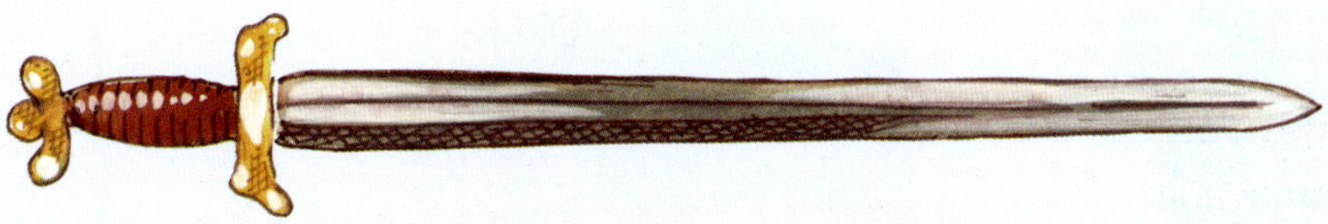

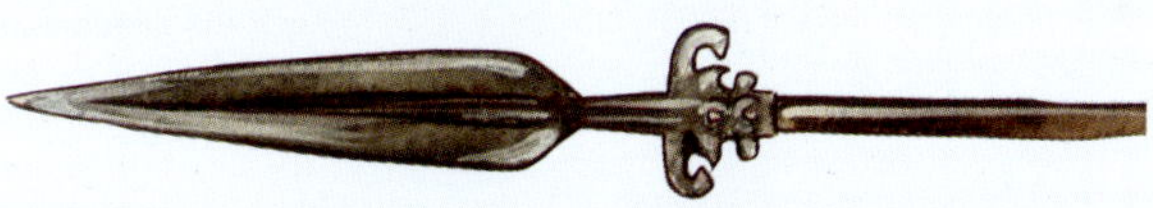

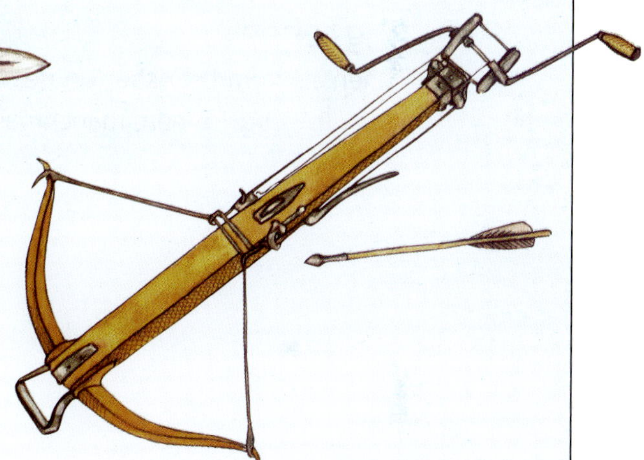

Lanze, Schwert, Morgenstern und Armbrust gehörten zur Ausrüstung im Kampf.

Pfeil und Bogen

Armbrust

Streitkolben

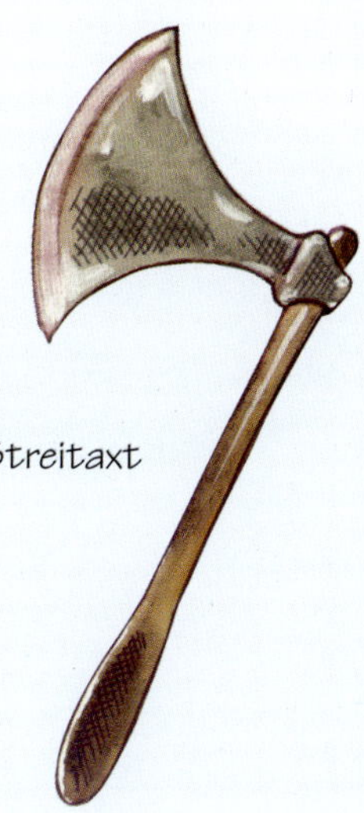

Streitaxt

Morgenstern

Wie endete das Rittertum?

Nachdem König Rudolf von Habsburg ab 1273 die Städte und Fürsten gegen die Raubritter unterstützte, ging deren Zeit zu Ende. Als die Ritter mit der Erfindung der Feuerwaffen im 14. Jahrhundert zur Kriegsführung nicht mehr gebraucht wurden, läutete dies das endgültige Ende des Rittertums ein.

Kreuzzüge und Ritterorden

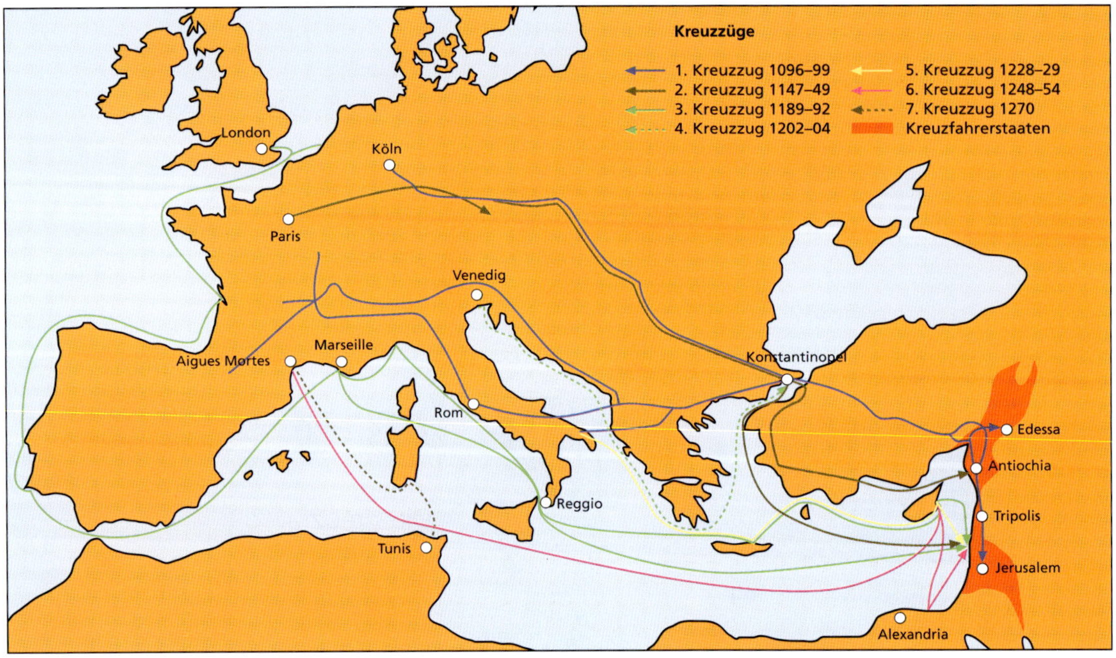

Es gab sieben Kreuzzüge ins Heilige Land, sowohl zu Wasser als auch über den mühsamen Landweg.

Die Ritter des Deutschen Ordens, der 1190 gegründet wurde, trugen ein schwarzes Kreuz auf weißem Grund.

Was waren die Kreuzzüge?

Es waren Kriegszüge nach Jerusalem, die im Namen des Kreuzes, also des christlichen Glaubens, geführt wurden. Fast 200 Jahre lang machten sich Scharen von Menschen in Europa auf, um das Heilige Land von den „Ungläubigen" zu befreien. Zwischen 1096 und 1291 fanden insgesamt sieben Kreuzzüge statt.

Warum gab es Kämpfe um Jerusalem?

Jerusalem ist sowohl Juden als auch Christen und Moslems heilig. Für die Juden ist es die Hauptstadt des ersten jüdischen Königreichs. Für die Christen ist es der Ort, an dem Jesus gekreuzigt und auferstanden ist. Und die Moslems glauben, dass Mohammed hier für kurze Zeit in den Himmel aufgefahren ist, um selbst mit Allah zu sprechen. Seit die Araber Jerusalem 637 eroberten, befand sich die Stadt aus Sicht der Christen in der Hand von „Ungläubigen".

Jerusalem ist auch heute noch die Heilige Stadt für Juden, Christen und Moslems.

Ging es bei den Kreuzzügen nur um den Glauben?

Papst Urban II. versprach den Kreuzfahrern 1095 nicht nur den Einzug ins Himmelreich, sondern auch kostbare Beute. Die jüngeren Söhne der Ritter folgten begeistert dem Ruf, weil sie sich Reichtum und ein eigenes Gebiet erhofften – das Rittergut ging nämlich immer an den ältesten Sohn. Aber auch einfache Bauern ließen sich durch die Aussicht auf reichen Lohn zum Kriegszug verführen. Und da der Papst auch die Vergebung der Sünden versprach, machten sich auch viele Übeltäter auf den Weg.

Was waren die Ritterorden?

Das waren christliche Orden, die zum Schutz und zur Pflege von Pilgern und Kreuzfahrer gegründet wurden. Doch die Ritter eroberten auch Land und einige der Orden, so etwa die Templer und der Deutsche Orden, wurden sehr reich und mächtig.

Stimmt das?

Es gab auch einen Kinderkreuzzug.

Im Jahr 1212 sollen Zigtausende von Kindern aus Frankreich und vom Niederrhein nach Jerusalem aufgebrochen sein. Aufgrund der recht dürftigen Quellenlage vermuten viele Historiker, dass diese Geschichte im Mittelalter erfunden wurde. Auf jeden Fall kamen die Kinder nie in Jerusalem an. Sie starben wohl unterwegs oder wurden als Sklaven verkauft. Vermutlich geht die Sage vom Rattenfänger von Hameln auf dieses Ereignis zurück.

Hast du das gewusst?

Die Kreuzfahrer nahmen Brieftauben mit, um Nachrichten nach Hause übermitteln zu können.

Schlacht um Jerusalem: Seit Jahrhunderten waren die Pilger zum Grab Jesu gezogen. Jetzt eroberten sie es mit Gewalt zurück.

Leben auf der Burg

Was sind Motten?

So wurden die ersten Burgen genannt, die um das Jahr 1000 entstanden. Es waren einfache Holztürme auf Hügeln, die auch „Turmhügelburgen" hießen. Ab dem 12. Jahrhundert wurden solide Wehrburgen mit Turm und Mauerring gebaut.

Gaukler und Minnesänger wurden zu den Festen eingeladen, um die Burgleute und ihre Gäste zu unterhalten.

Wie hielten die Burgleute einer Belagerung stand?

Die Burg war von einem Wassergraben umgeben. Wenn die Zugbrücke hochgezogen war, konnte sie gut verteidigt werden. Da es in der Vorburg einen Brunnen und einen Gemüsegarten gab, konnten sich die Burgleute eine Zeit lang selbst versorgen. Doch schweren Angriffen mit Rammböcken und brennenden Pfeilen hielt manche Burg nicht stand.

Burgen wie die Marksburg am Mittelrhein sollten nicht nur Schutz bieten, sondern auch den Reichtum und die Macht des Adeligen zeigen.

Lebten die adeligen Ritter im Luxus?

Verglichen mit den Bauern führten sie ein angenehmes Leben. Sie aßen gerne und gut und feierten oft tagelang Feste und Ritterturniere. Aber auch sie mussten sich damit abfinden, dass die Burgen kalt, zugig und verraucht waren. Das Leben auf einer Ritterburg war sehr viel ungemütlicher als in unseren heutigen Wohnungen.

Womit beschäftigten sich die Burgleute?

Die Knechte und Mägde arbeiteten von früh bis spät. Die Edeldamen und Burgfräulein saßen am Webrahmen und Spinnrad oder stickten. Sie kümmerten sich um den Garten und die vielen Gäste und beaufsichtigten die Mägde, Knechte und Köche. Die Männer richteten in Friedenszeiten Hunde und Falken ab, gingen auf die Jagd und zu Turnieren.

Hast du das gewusst?

Der Ausdruck „betucht" für „wohlhabend" stammt aus dem Mittelalter. Damals hingen die Burgleute Wandteppiche und wollene Vorhänge auf, um Wärme und Gemütlichkeit zu schaffen. Wessen Wände betucht waren, der gehörte also zu den wohlhabenden Leuten.

Stimmt das?

Die Kleidung der Menschen wurde nie gewaschen.

Die Oberbekleidung der einfachen Leute bestand aus Wolle. Sie wurde tatsächlich nicht gewaschen, anders als die Unterwäsche aus Leinen. Auch die Kleider der Edelfrauen, die aus kostbaren schweren Stoffen gefertigt waren, wurden selten gewaschen.

Die Burgen bestanden aus der Vorburg und der inneren Burg mit dem Hauptturm, der bei einer Belagerung der letzte Zufluchtsort war. In der Vorburg lagen die Ställe, die Schmiede, der Garten und die Unterkünfte des Gesindes.

Mittelalterliche Städte

Wie haben sich die Städte entwickelt?

Die ältesten deutschen Städte, zum Beispiel Köln, Augsburg und Trier, entwickelten sich aus Kastellen und Lagern der Römer. Auch zu Füßen der Klöster und kaiserlichen Pfalzen entstanden Ortschaften. An Flüssen und Küsten und dort, wo sich Handelswege kreuzten, entstanden Kaufmannssiedlungen. Ab dem 12. Jahrhundert gründeten die Herrscher neue Städte wie München und Freiburg; die Marktgebühren und Zolleinnahmen füllten ihre Kassen.

An den Toren der Stadt mussten Händler, die auf den Markt wollten, Zoll für ihre Waren bezahlen.

Was waren Gilden und Zünfte?

Gilden waren Bündnisse von Kaufmännern. Sie legten Preise und Zölle fest, erließen Marktordnungen und übernahmen sogar Aufgaben der Polizei. Im Lauf der Zeit bildeten sie schließlich vielerorts die Stadtregierung. Die Zusammenschlüsse von Handwerkern hießen Zünfte. Es gab unter anderem Zünfte für Bäcker, Metzger, Weber, Schuster, Schmiede und Gerber. Sie wehrten sich gegen die Vorherrschaft der Gilden. Ab dem 14. Jahrhundert durften auch Handwerker in den Stadtrat.

Hast du das gewusst?

Das Wort Bürger kommt von „Burg". Die Städte waren, im Unterschied zu den Dörfern, von einer Stadtmauer umgeben, die den Bewohnern Schutz bot – wie eine Burg. Der freie Städter wurde zum Bürger.

Der Markttag war eine willkommene Abwechslung vom Alltag. Es kamen Gaukler, Schauspieler und manchmal sogar Tanzbären in die Stadt.

Warum hieß es „Stadtluft macht frei?“

Die Bürger einer Stadt waren Freie, die keinem Grundherren dienen mussten. Deshalb zog es manchen Knecht in die Stadt. Wenn ihn sein Herr nicht innerhalb eines Jahres zurückforderte, wurde er zum Bürger.

Die Patrizier stellten ihre besondere Stellung durch kostbare Kleidung aus.

Wie lebte es sich in den Städten?

Die reichen und mächtigen Familien – Patrizier genannt – ließen sich schöne Häuser um den Marktplatz herum bauen. Doch in den dahinter liegenden Gassen war es eng und schmutzig. Hühner und Schweine liefen herum, Nachttöpfe wurden auf die Straße entleert. So konnten sich Krankheiten und Seuchen schnell ausbreiten, die dann auch die Reichen nicht verschonten.

Was waren die jüdischen Gettos?

Die Juden galten als Außenseiter. Die Städte wiesen ihnen Gassen zu, in denen sie wohnen durften, manchmal auch ein ganzes Viertel, das nach einer Insel in Venedig Getto genannt wurde. Juden wurden nicht in die Zünfte aufgenommen und man verkaufte ihnen auch kein Land, weshalb sie meist als Händler arbeiteten. Oder aber sie wurden Geldverleiher, denn den Christen war es verboten, Kredite zu geben. So wurden viele Juden reich, was zu Missgunst führte. In Zeiten großer Not, etwa während der Pest, fielen die Christen über die Juden her, weil man ihnen die Schuld an all dem Elend gab.

Münzen wurden im Mittelalter immer wichtiger. Sie verdrängten den Handel mit Naturalien.

Weil Juden oft sehr viel Geld verliehen, waren sie in Gefahr – so heißt es in der Straßburger Stadtchronik von 1349: „Das Geld war auch die Ursache, warum die Juden getötet wurden, wären sie arm und die Landesherren ihnen nichts schuldig gewesen, so hätte man sie nicht verbrannt.“

Hanse und Piraten

Was war die Hanse?

Ab dem 11. Jahrhundert schlossen sich deutsche Kaufleute zu Bündnissen zusammen, um in der Fremde Verbündete zu haben. Daraus entwickelte sich im 13. Jahrhundert ein Zusammenschluss von Handelsstädten, der sich Deutsche Hanse nannte. Um das Jahr 1400 herum gehörten bereits rund 80 Städte zu diesem Bund. Den Vorsitz hatte Lübeck. 1669 fand das letzte Zusammentreffen der Hanse statt.

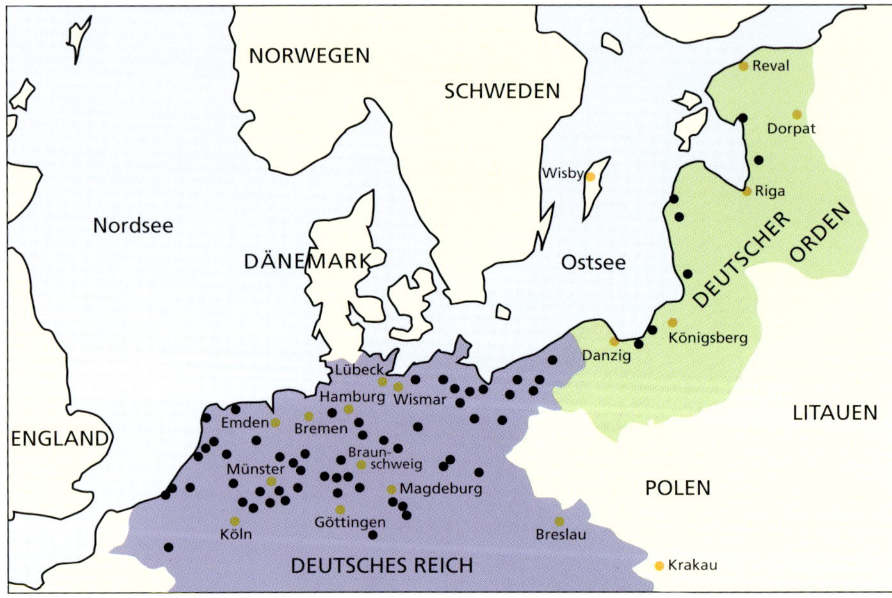

Die Karte zeigt die Städte, die um 1400 zur Hanse gehörten. Die wichtigsten sind orangefarben markiert.

Was war das Ziel der Hanse?

Die Mitglieder der Hanse unterstützten sich gegenseitig. Sie errichteten in fremden Ländern gemeinsame Handelsplätze und stimmten den Verkauf von Waren miteinander ab. Auf dem Höhepunkt ihrer Macht übte die Hanse erheblichen Einfluss auf die Politik von Fürstentümern und Königreichen aus, kontrollierte sie doch weitgehend den Handel in den Ländern.

Wer war Klaus Störtebeker?

Er war, neben Gödeke Michels, einer der Kapitäne und Anführer der Viktualienbrüder, einer Gruppe von Freibeutern, die die von Dänen belagerte Stadt Stockholm vom Meer aus mit Lebensmitteln (Viktualien) versorgte. Störtebeker und Gödeke stammten beide aus Wismar. Nach dem Ende des Krieges zwischen Schweden und Dänemark machten die Piraten weiterhin die Nord- und Ostsee unsicher. Sie überfielen so viele Handelsschiffe, dass sie schließlich von der Hanse gejagt wurden. Im Jahr 1401 wurden Störtebeker und Gödeke gefasst und in Hamburg hingerichtet. Über Störtebekers Mut und Kraft und seine versteckten Piratenschätze wurden viele Geschichten erzählt.

Klaus Störtebeker (um 1360–1401) – nicht einmal sein Name ist mit Sicherheit richtig überliefert.

Stimmt das?

Klaus Störtebeker lief mehrere Meter ohne Kopf.

Der Legende nach bat Störtebeker bei seiner Hinrichtung um Gnade für seine Mannschaft. Er schlug Folgendes vor: Seine Leute sollten in einer Reihe stehen und nachdem ihm der Kopf abgeschlagen wurde, sollte man ihn auf seine Männer zuschubsen. Diejenigen, an denen sein kopfloser Körper noch vorbeilaufen konnte, sollten begnadigt werden. Man stimmte zu, und angeblich schaffte er es, elf seiner Kameraden zu passieren, bevor eine der Wachen dem Kopflosen ein Bein stellte. Störtebeker fiel und seine komplette Mannschaft wurde hingerichtet – trotz des anders lautenden Versprechens.

Warum haben die Hansestädte gemeinsame Sache mit den Piraten gemacht?

Als 1389 die dänische Königin das schwedische Stockholm besetzen ließ, unterstützten die Hansestädte Rostock und Wismar Schweden. Um Lebensmittel nach Stockholm zu bringen, schickten sie Piraten los, die natürlich auch dänische Schiffe überfallen und plündern durften. Diese Piraten wurden Vitalien- oder auch Viktualienbrüder genannt (Viktualien = Lebensmittel). Später nannten sie sich Likedeeler (Gleichteiler), weil sie angeblich ihre Beute gerecht untereinander aufteilten.

Das im 12. Jahrhundert gegründete Lübeck wurde schnell zu einem bedeutenden Handelszentrum an der Ostsee. Im Hafen lagen die wuchtigen Koggen der Handelsflotten.

Klöster und Kirchen

Wie entstanden die Klöster?

Ursprünglich entstanden Klöster als einfache Gemeinschaften von Menschen, die ihr Leben Gott weihen wollten. Sie entwickelten sich zu Orten, an denen Lesen und Schreiben gelehrt wurde. Viele Klöster hatten kostbare Bibliotheken und waren wichtige Orte der Wissenschaft.

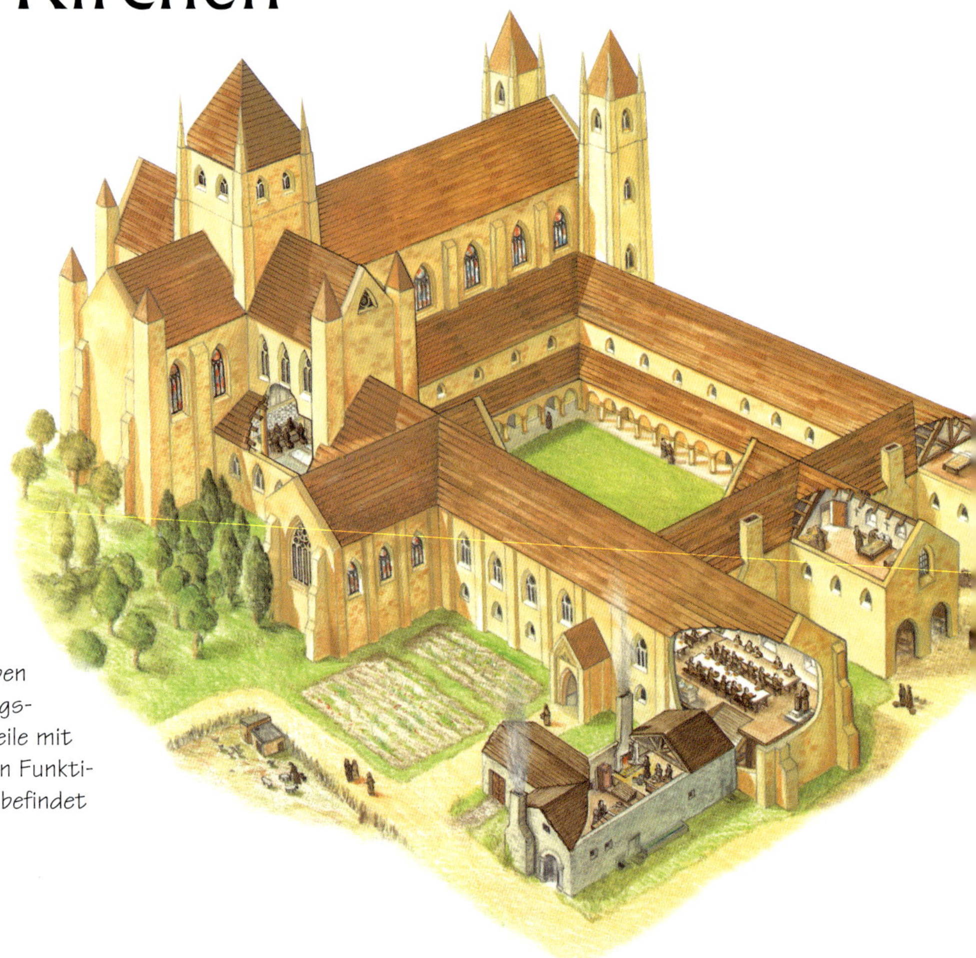

Zu einem Kloster gehören neben der Kirche und den Versorgungsgebäuden mehrere Gebäudeteile mit klar voneinander abgegrenzten Funktionen. Im Zentrum der Anlage befindet sich der Kreuzgang.

Franz von Assisi zog als Wanderprediger umher. Sogar den Vögeln soll er gepredigt haben.

Wodurch wurden die Klöster so reich?

Die Menschen im Mittelalter waren sehr religiös. Oftmals bekamen die Klöster vom König, anderen Adeligen oder auch von Bauern Land geschenkt. So wurden sie immer reicher und mächtiger und übertrafen in dieser Hinsicht manchmal sogar die Landesherren.

Was waren Bettelorden?

Weil die Kirche immer mächtiger wurde, gab es Menschen, die sie wieder zum einfachen Leben zurückführen wollten. Sie gründeten Orden, die sich der Armut verpflichteten. Einer der bedeutendsten dieser Mönche, die auf Wanderschaft gingen und predigten, war Franz von Assisi (1181–1226). Nach ihm wurde der Orden der Franziskaner benannt. Auch die Dominikaner waren ein Bettelorden.

Hast du das gewusst?

Ein Hospital war ursprünglich ein Gastzimmer im Kloster. Im Mittelalter gab es noch keine Krankenhäuser. Aber in den Klöstern wurden nicht nur Pilger aufgenommen, sondern auch Kranke und Alte gepflegt. So entwickelte sich das lateinische Wort *hospitalia* (= Gastzimmer) als Begriff für Krankenhaus.

Hoch und immer höher: Die gotischen Baumeister konnten durch ausgeklügelte Konstruktionen aus Pfeilern und Streben so hoch bauen wie nie zuvor.

Dienten die Kirchen nur dem Gottesdienst?

Nein, sie hatten mehrere Funktionen. Sie waren Schutzraum bei Unwetter und Überfällen. Die Kirchenglocken dienten als Warnsystem und Uhr zugleich. Die großen Kirchen, die Dome, sollten auch die Macht der Bischöfe und den Reichtum der Städter zeigen.

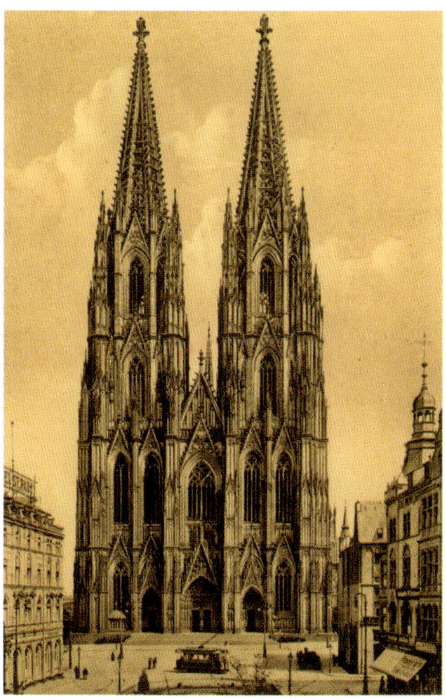

Der Kölner Dom, mit dessen Bau 1248 begonnen wurde, gilt als ein Meisterwerk der Gotik. Um 1530 wurden die Arbeiten, vermutlich aus Geldmangel, eingestellt. Erst 1842 konnte nach einer Spendenaktion weitergebaut werden.

Wie heißen die beiden Baustile des Mittelalters?

Im 10. Jahrhundert bauten die Mönche ihre Kirchen noch selbst. Dabei übernahmen sie zum Teil den Baustil der Römer, beispielsweise Rundbögen und gedrungene Pfeiler. Dieser Stil wird romanisch genannt und war in Deutschland bis etwa 1220 üblich. Danach übernahm man von französischen Vorbildern eine Bauweise, die die Wandflächen der Gebäude aufzulockern suchte: die Gotik. Die Kirchen hatten jetzt hoch aufragende Pfeiler und Spitzbögen.

Stimmt das?

Der Bau mancher Kirchen dauerte mehrere Jahrhunderte lang.

Ja, der Bau einer großen Kathedrale war sehr kompliziert und teuer. Oft erlebten weder die Bischöfe, die ihn in Auftrag gegeben hatten, noch die Baumeister die Fertigstellung.

Das Spätmittelalter

Wann endete das Mittelalter?

Es gibt keinen eindeutigen Zeitpunkt für das Ende dieser rund tausendjährigen Epoche. Das ausklingende 15. Jahrhundert mit seinen vielen Erfindungen und Entdeckungen wird im Allgemeinen als die letzte Phase des Mittelalters gesehen.

Die Goldene Bulle von 1356: Sie regelte die Königswahl und die Rolle der Kurfürsten, damit es nicht mehr zu Doppelwahlen kommen konnte.

Warum waren es damals schwere Zeiten für das Deutsche Reich?

Nach dem Ende der mächtigen Staufer war das Königtum in die Krise geraten. Im 13. Jahrhundert gab es gleich zweimal zwei Könige gleichzeitig, die um die Macht stritten. Die Landesfürsten nutzten die Schwäche der Könige aus und kümmerten sich nur noch um ihre eigenen Interessen. Verbrechen, Raubrittertum und Friedensbruch wurden kaum noch bestraft, plündernde Horden überfielen die Dörfer. Hinzu kamen Missernten, Hungersnöte und die grausame Pest.

Rudolf I. ist der Stammvater aller späteren Habsburger. Sie stellten auch den letzten deutschen Kaiser Wilhelm, der 1918 abdanken musste.

Hast du das gewusst?

Es gab im Spätmittelalter mehrere Päpste gleichzeitig. Wie das Königtum war auch die Kirche in der Krise. Von 1378 bis 1417 gab es zwei, zeitweilig sogar drei Päpste gleichzeitig. Diese Zeit wird Abendländisches Schisma (Kirchenspaltung) genannt.

Gab es gar keine starken Könige im Spätmittelalter?

Doch, es gab sie, beispielsweise Rudolf I., Stammvater der später so mächtigen Habsburger, der von 1273 bis 1291 König war. Rudolf bekämpfte die Raubritter unerbittlich. Für die Habsburger erstritt er ein riesiges Reich, zu dem auch Österreich gehörte. Auch Karl IV., der von 1346 bis 1378 regierte, galt als starker König. 1355 wurde er zum Kaiser gekrönt. Karl erließ die Goldene Bulle, eine Art mittelalterliches Grundgesetz. Karl gründete auch die erste deutsche Universität, 1348 in Prag.

Was war die Große Pest?

Es war die größte Katastrophe, die Europa bis dahin erlebt hatte. Ein Drittel der damaligen Bevölkerung kam dabei um. In nur fünf Jahren, von 1347 bis 1352, starben rund 25 Millionen Menschen an der gefährlichen Seuche.

Wie kam es zum Ausbruch der Pest?

Das Pestbakterium kam durch Schiffsratten und über Handelswege aus Asien nach Europa. Da die meisten Menschen in Armut und Schmutz lebten, verbreitete sich die Seuche sehr schnell.

Die Beulenpest ist eine Krankheit, die durch Flöhe von Nagetieren auf Menschen übertragen wird. Im Schmutz der mittlelalterlichen Städte wimmelte es nur so von Ratten und Flöhen.

Was waren die Folgen der Seuche?

Ganze Dörfer, ja ganze Landstriche starben aus, die Äcker verödeten. Weil das Getreide knapp und somit unglaublich teuer wurde, starben in den Jahren nach der Pest zusätzlich noch viele Menschen an Hunger. Den Juden warf man vor, Schuld an der Pest zu haben. Es kam zu gewalttätigen Ausschreitungen (Pogrome), was unzählige Juden mit dem Leben bezahlen mussten.

Die Pest breitete sich in den engen Städten schnell aus. Die Häuser von Pestkranken wurden mit einem roten Kreuz gekennzeichnet.

LEONARDO

Die frühe Neuzeit

Humanismus und Renaissance

Warum spricht man von Neuzeit?

Im 15. Jahrhundert begann eine neue Zeit, weil sich die Sichtweise der Menschen auf die Welt veränderte. Die Europäer entdeckten neue Kontinente und machten wichtige Erfindungen. Gebildetere Leute wollten sich nicht mehr von der Kirche vorschreiben lassen, was sie zu denken hatten. Das engstirnige Mittelalter, in dem alles durch den christlichen Glauben bestimmt und erklärt wurde, war vorbei.

Johannes Gutenberg hieß eigentlich Johannes Gensfleisch, er änderte seinen Namen aber später nach der Bezeichnung des Familiensitzes seiner Eltern, dem „Hof zum Gutenberg".

Wieso veränderte der Buchdruck die Welt?

Als Johannes Gutenberg (um 1400–1468) die beweglichen Lettern erfand, konnte man Texte viel schneller und einfacher drucken: Schreiben und lesen war jetzt nicht mehr einigen wenigen Mönchen und Gelehrten vorbehalten. Immer mehr Menschen konnten Bildung und Wissen erlangen. Neue Ideen verbreiteten sich schneller.

Galileo Galilei war Astronom, Mathematiker, Physiker und Philosoph.

Hast du das gewusst?

Trotz der neuen Bleisatz-Technik brauchte Gutenberg zusammen mit rund 20 Mitarbeitern drei Jahre, um sein erstes Buch zu drucken. Es war eine lateinische Ausgabe der Bibel.

Was bedeutet Humanismus?

Es ist eine Denkrichtung, die sich von dem lateinischen Wort *humanus* (menschlich) ableitet. Es gehört zu den humanistischen Grundüberzeugungen, dass jeder Mensch eine Würde und eine eigene Persönlichkeit besitzt, die er frei entfalten können soll.

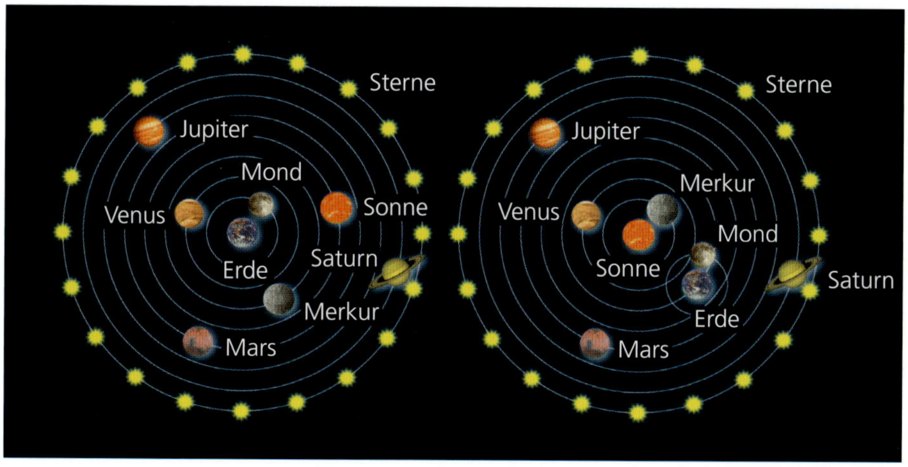

Links das mittelalterliche Weltbild, bei dem sich alles um die Erde dreht; rechts das kopernikanische mit der Sonne im Zentrum.

Was leistete Nikolaus Kopernikus?

Der polnische Astronom Nikolaus Kopernikus (1473–1543) erkannte, dass die Erde um die Sonne kreist und nicht umgekehrt. Galileo Galilei (1564–1642) bekräftigte seine Theorie. Die Kirche sah damit ihr Weltbild auf den Kopf gestellt und bekämpfte dieses Wissen.

Stimmt das?

Durch den Humanismus wurde der Kindererziehung größere Bedeutung zugemessen

Philosophen wie Erasmus von Rotterdam (1469–1536) erkannten, dass der Mensch in der Kindheit in vielfältiger Weise geformt wird. Weil Wissen und Erkenntnis als Grundlage der Menschlichkeit erkannt wurden, begann man mehr Wert auf die Erziehung der Kinder zu legen.

Erasmus von Rotterdam (1469–1536) war Philosoph, Sprachforscher und Textkritiker. Darüber hinaus gilt er als Vorreiter der Reformation, da er die katholische Kirche heftig kritisierte.

Was bedeutet Renaissance?

Renaissance (französisch, „Wiedergeburt") ist die Bezeichnung für eine Epoche, in der Ideen der griechischen und römischen Antike zu neuer Wertschätzung gelangten. In der Antike strebten die Gelehrten nach Wissen, ohne durch Glauben und Kirche beschränkt zu werden. Und so wollte man auch im 15. Jahrhundert die Welt umfassend neu begreifen.

Wer war Leonardo da Vinci?

Leonardo (1452–1519), geboren in der italienischen Ortschaft Vinci, war ein Renaissance-Genie. Nicht nur als Maler, sondern auch als Naturwissenschaftler, Philosoph und Erfinder leistete er Großes.

Leonardo da Vinci beschäftigte sich als Künstler und Forscher mit dem menschlichen Körper.

Eroberungen und neuer Reichtum

Im 15. Jahrhundert brachen wagemutige Seefahrer auf, eine neue Welt zu entdecken.

Welche Kontinente entdeckte man im 15. Jahrhundert?

1487 wurde erstmals die Südspitze Afrikas, das Kap der Guten Hoffnung, umsegelt. 1492 erreichte Kolumbus Amerika (das heutige San Salvador). 1497 segelten Caboto nach Kanada und Vasco da Gama nach Indien. 1499 macht sich Amerigo Vespucci auf den Weg nach Südamerika. Natürlich wurden diese Länder nur aus europäischer Sicht „entdeckt" – sie waren ja bewohnt. Die Europäer raubten die Ureinwohner aus, ermordeten sie oder verschleppten sie als Sklaven. Außerdem brachten sie Krankheiten ins Land, gegen die die Menschen dort keine Abwehrkräfte hatten. So wurden die Azteken in Mexiko und die Inkas in Südamerika ausgerottet.

Stimmt das?

Kolumbus glaubte bis zu seinem Tod im Jahre 1506, in Indien gelandet zu sein.

Ja, er hielt Mittelamerika für Indien und nannte die Bewohner deshalb Indianer.

Welche Lebensmittel stammen aus der Neuen Welt?

Kartoffeln, Paprika, Tomaten, Mais und Tabak waren früher in Europa nicht bekannt.

Hast du das gewusst?

Schokolade ist ein Getränk der Azteken. Im Jahr 1528 brachten die Spanier „Xocolatl" von den Azteken nach Europa: zerkleinerte, mit Wasser vermischte Kakaobohnen.

Kolumbus brach mit der Santa Maria und zwei weiteren Schiffen auf, um Indien zu entdecken. Er landete jedoch in Amerika.

Durch die Entdeckung der Seewege nach Ostindien und nach Amerika erhielt der Handel einen enormen Aufschwung. Nun konnten exotische Gewürze und Früchte aus fernen Ländern in großen Mengen nach Europa transportiert werden.

Wer waren die Fugger?

Das war eine Händlerfamilie aus Augsburg, die es zu großer Macht brachte. Jakob Fugger (1459–1525), genannt „Der Reiche", gründete eine Bank, bei der um 1500 viele europäische Königshäuser verschuldet waren. Er finanzierte Kriege und lieh u. a. Karl V. Geld für die Bestechung der Kurfürsten, damit sie ihn zum Kaiser wählten. Die „Fürst Fugger Privatbank" gibt es heute noch.

Wodurch vermehrte Jakob Fugger seinen Reichtum?

Die Herrscher, denen er Geld lieh, verliehen ihm als Gegenleistung Handelsrechte. So war er bald der einzige Europäer, der mit Erz, Gold, Silber, Eisen, Blei, Zinn und Zinnober handeln durfte. Er war sogar der einzige Kupferhändler der Welt.

Was veränderte sich in Europa?

Die Länder, die die Entdeckungsreisen gefördert hatten – vor allem Portugal und Spanien – schufen sich neuen Reichtum und Macht. Die Händler, die solche Reisen finanzierten, wurden unermesslich reich.

Jakob Fugger war einer der mächtigsten Männer seiner Zeit.

Irrglauben und Hexenwahn

Was waren Ketzer?

Seit dem Mittelalter bestimmte die Kirche, was der „richtige" Glaube und die „richtige" Weltsicht war. Wer etwas anderes dachte, wurde als Ketzer bezeichnet und verfolgt.

Was war die Inquisition?

Papst Gregor IX. richtete 1232 eine spezielle Behörde ein, die Inquisition (lateinisch für „Untersuchung") hieß. Sie schickte Priester durchs Land, um Ketzer ausfindig zu machen. Um Geständnisse zu erzwingen, wurden oft grausame Foltermethoden angewandt.

Verfolgte man auch in der Neuzeit noch Ketzer?

Ja, Galileo Galilei zum Beispiel wurde 1633 als Ketzer verhaftet, weil er behauptete, dass sich die Erde um die Sonne dreht. Er wurde gezwungen, seine Meinung zu widerrufen.

Wer wurde als Hexe verfolgt?

Ab 1430 vermischte sich die Furcht vor Ketzern mit dem Hexenwahn. Frauen, die über Wissen verfügten, das der Kirche nicht recht war, wurden Hexen genannt. Es waren oft Hebammen und Frauen, die Kranke heilen konnten. Ihr Wissen über Kräuter und Naturheilkunde galt als ketzerisch.

Eine Foltermethode der Inquisition war das Hochziehen mittels einer Seilwinde. Unter schrecklichen Schmerzen gestanden die Menschen oft Dinge, die sie nie gemacht hatten.

Was war die Hexenprobe?

Um festzustellen, ob es sich bei einer Beschuldigten um eine Hexe handelte, wurden verschiedene Methoden angewendet. Oft wurde das Opfer gefesselt in einen Fluss geworfen. Blieb die Frau über Wasser, galt das als Beweis dafür, dass sie eine Hexe war. Wenn sie ertrank, war sie unschuldig. Auch wenn eine Frau bei der Folter nicht weinte, galt das als Beweis.

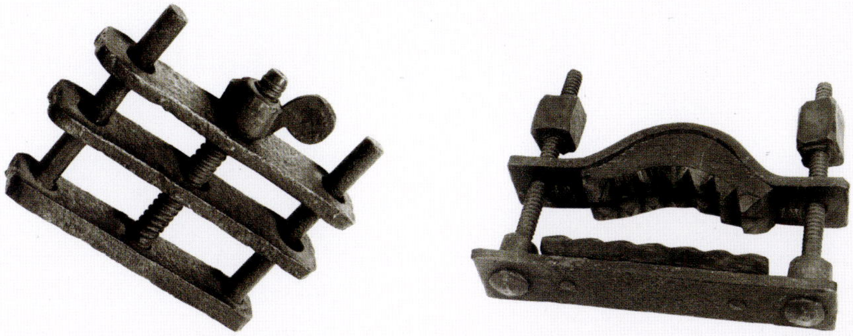

Daumenschrauben und Beinschrauben gehörten zu den Instrumenten, mit denen im Namen der Kirche gefoltert wurde.

Wann war der Höhepunkt der Hexenverfolgung?

Zwischen 1590 und 1630 wurden in Deutschland Tausende angeblicher Hexen auf dem Scheiterhaufen verbrannt.

Was war der Hexenhammer?

In dem 1487 veröffentlichten Buch beschrieb der Dominikanermönch Heinrich Kramer die verschiedenen Formen von Hexerei und Zauberkunst. Die Strafen, die der Hexenhammer festschrieb, waren für alle Gerichte verbindlich.

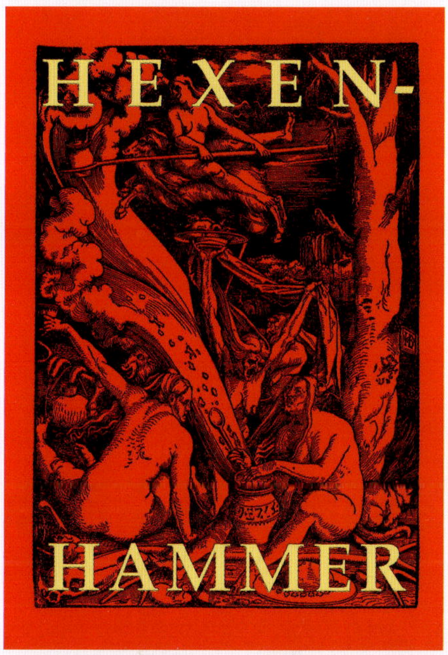

Der Hexenhammer von 1487 konnte seine todbringenden Behauptungen durch den Buchdruck schnell verbreiten.

Thomas von Aquin (1225–1274) war ein großer Theologe und Philosoph des Mittelalters. Er betonte stets, dass sich Glaube und Vernunft nicht widersprechen, sondern zusammengehören. Gleichzeitig forderte er aber für Ketzer und Ungläubige die Todesstrafe. Damit legte er den Grundstein für die Einführung der Inquisition.

Stimmt das?

Noch Ende des 18. Jahrhunderts kam es zu Hexenverbrennungen.

Ja, in Posen wurde noch im Jahr 1793 eine Frau als Hexe verurteilt und verbrannt.

Reformation und Bauernkriege

Wer war Martin Luther?

Luther war ein Mönch und Theologieprofessor, der die Reformation (lat. *reformatio* = Umgestaltung, Erneuerung) der Kirche einleitete: Nicht die Meinung der Kirche, sondern einzig Gottes Wort, sprich die Bibel, sollte die Grundlage des Glaubens sein. Luther protestierte gegen den Ablass-Handel, indem er 1517 seine „95 Thesen wider den Ablass" veröffentlichte. 1521 musste er sich auf der Wartburg vor seinen Verfolgern in Sicherheit bringen, denn Kaiser Karl V. und der Papst hatten ihn unter Acht und Bann gestellt: Er durfte von jedermann getötet werden.

Martin Luther (1483–1546): Sein Ziel war es keineswegs, die Kirche zu spalten. Er wollte sie reformieren, also umgestalten.

In dieser Stube auf der Wartburg lebte Luther unter dem Namen „Junker Jörg". Hier übersetzte er das Neue Testament.

Was war der Ablass-Handel?

Zu Luthers Zeit häufte die Kirche viel Geld an. Die Kirchenfürsten nutzten die Angst der Menschen vor der Hölle aus. Sie verkauften ihnen so genannte Ablass-Scheine, mit denen sie von ihren Sünden freigesprochen wurden.

Friedrich der Weise (1463–1525) war von 1486–1525 Kurfürst von Sachsen. Seine Politik ermöglichte die Ausbreitung der Reformation, auch wenn er selbst Zeit seines Lebens katholisch blieb. Er setzte sich sehr für Luther ein und verhalf ihm sogar zur Flucht auf die Wartburg.

Wieso veränderte Luther die deutsche Sprache?

Damit die Gläubigen nicht mehr von den Priestern abhängig waren, um die Bibel zu verstehen, übersetzte Luther auf der Wartburg das Neue Testament vom Lateinischen ins Deutsche. Da er ein Deutsch benutzen wollte, das überall im Land verstanden werden konnte, vereinheitlichte er die deutsche Sprache.

Die „Memminger Zwölf Artikel“ waren eine Schrift, in der die Bauern ihre Forderungen gegenüber der Obrigkeit zum Ausdruck brachten; unter anderem verlangten sie das Ende der Leibeigenschaft, niedrigere Steuern und das Recht zu jagen und zu fischen.

Woher kommt der Begriff „Protestanten“?

Viele Menschen dachten wie Luther und die neue Lehre breitete sich schnell aus. Manche Fürsten sahen darin auch eine Möglichkeit, sich gegen den Kaiser aufzulehnen. Weil sie ein Protestschreiben gegen den Kaiser verfassten, wurden sie Protestanten genannt. Die Kirche spaltete sich in einen evangelisch-protestantischen und einen katholischen Zweig. Einige protestantische Fürsten und Reichsstädte schlossen sich zusammen, um dem Kaiser gegenüber Stärke zu zeigen (Schmalkaldischer Bund).

Was war der Augsburger Religionsfrieden?

Karl V. rief 1555 in Augsburg einen Reichstag ein, also die Versammlung aller Landesfürsten. Dort wurden beide Glaubensrichtungen als rechtmäßig anerkannt. Allerdings bestimmte der jeweilige Fürst, welchem Glauben seine Untertanen anzuhängen hatten.

In der Schlacht bei Mühlberg an der Elbe wurde Johann Friedrich von Sachsen gefangen genommen. Doch trotz dieses Sieges der katholischen Kaiserlichen gegen die protestantischen Fürsten des „Schmalkaldischen Bundes“ ließ sich die Reformation nicht mehr aufhalten.

Was waren die Bauernkriege?

Die Bauern lebten in großer Armut und Abhängigkeit von den Adeligen und Kirchenherren. 1525 kämpften sie überall im Land für mehr Freiheit.
Die Reformation hatte ihnen Mut gemacht, sich gegen die Obrigkeit zu wehren. Doch die Aufstände wurden niedergeschlagen und Zehntausende Bauern getötet.

Wer war Thomas Müntzer?

Er war Priester und zunächst Anhänger Luthers. Doch anders als Luther stellte er sich auf die Seite der Bauern und kämpfte mit ihnen gegen die Unterdrückung. 1525 wurde er deshalb geköpft.

Der Dreißigjährige Krieg

Wann fand der Dreißigjährige Krieg statt?

Er begann 1618 und dauerte bis zum Westfälischen Frieden im Jahre 1648. Hauptschauplatz war das Gebiet des Deutschen Reichs.

Weshalb wurde dieser Krieg geführt?

Zunächst war es ein Glaubenskrieg: Die protestantischen und die katholischen Landesfürsten stritten darum, welcher Glaube in Deutschland herrschen sollte. Doch die kriegerischen Auseinandersetzungen entwickelten sich rasch zu einem Machtkampf um die Vorherrschaft in Europa. Dänemark, Schweden und Frankreich griffen mit ein.

Stimmt das?

Der Grund für den Krieg war der Prager Fenstersturz.
Nein, der Zwischenfall in Prag war der Auslöser, aber nicht der Grund für den Krieg.

Unzufriedene protestantische Adelige warfen auf der Prager Burg zwei kaiserliche Statthalter und einen Schreiber aus dem Fenster in 17 Meter Höhe. Sie überlebten, weil sie auf einen Misthaufen fielen.

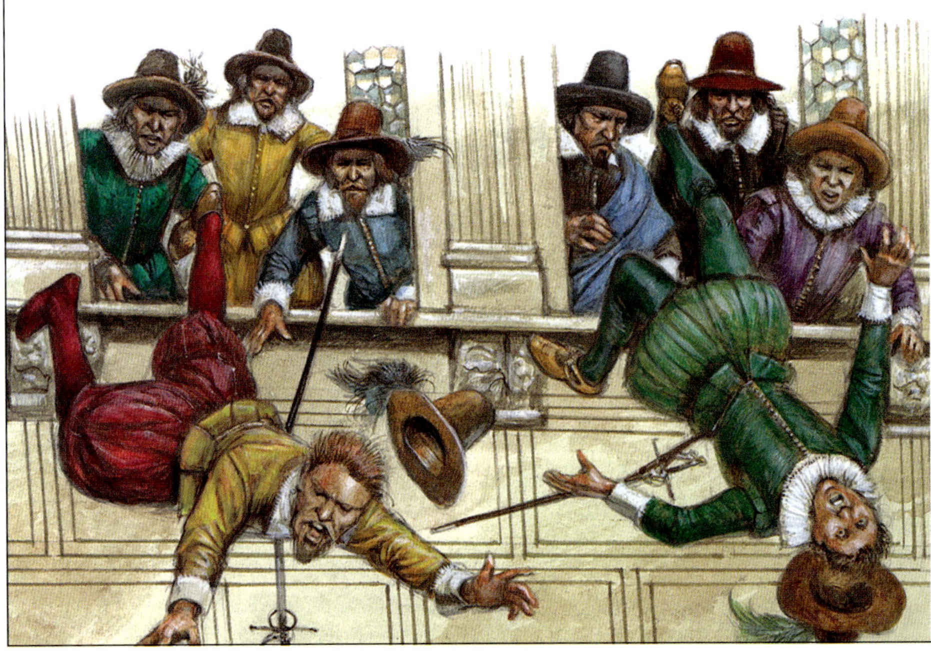

Was war der Prager Fenstersturz?

Am 23. Mai 1618 warfen protestantische Adelige zwei Statthalter des künftigen katholischen Kaisers Ferdinand II. aus dem Fenster der Prager Burg.

Hast du das gewusst?

Im Mittelalter und in der frühen Neuzeit waren Fensterstürze nichts Ungewöhnliches. Man warf Andersdenkende oder politisch Unliebsame aus dem Fenster. Manchmal wurde dies durch eine Art Verurteilung zuvor angekündigt. Es wurde dann als Urteil Gottes angesehen, ob die Opfer überlebten.

Jahrzehntelange Not: Dörfer wurden niedergebrannt, Männer zum Kriegsdienst gezwungen, Frauen und Kinder ermordet.

Wer war Wallenstein?

Er war ein böhmischer Feldherr und kämpfte auf der Seite des Kaisers und der Katholiken. Sein Heer wurde nicht, wie sonst üblich, vom Kaiser bezahlt. Wallenstein rüstete es selbst aus. Das Geld dafür presste er auf brutale Weise dem Volk ab.

Albrecht von Wallenstein (1583–1634) war ein machthungriger Kriegsherr. Kaiser Ferdinand II. beschuldigte ihn des Hochverrats und ließ ihn ermorden.

Was bedeutete der Dreißigjährige Krieg für die Menschen?

Der Krieg wurde mit großer Grausamkeit geführt. Die Landbevölkerung war den Angriffen der umherziehenden Soldaten wehrlos ausgeliefert. Die Felder konnten nicht mehr richtig bestellt werden, es gab Hungersnöte und Seuchen. Ganze Landstriche starben aus. Am Ende des Krieges waren Millionen Menschen ums Leben gekommen. Es dauerte viele Jahrzehnte, bis die Folgen des Kriegs überwunden waren.

Im Friedenssaal des historischen Rathauses von Münster wurde ein wichtiger Teilvertrag des Westfälischen Friedens geschlossen: die Anerkennung der Selbstständigkeit der Niederlande.

Was ist der „Westfälische Friede“?

Vier Jahre lang gab es in Münster und Osnabrück Verhandlungen. Am 24. Oktober 1648 wurden endlich Friedensverträge zwischen dem Deutschen Kaiser und seinen Gegnern geschlossen. Das Deutsche Reich verlor Gebiete an Frankreich und Schweden. Außerdem erhielten die Niederlande und die Schweiz die volle Unabhängigkeit.

Das zersplitterte Deutschland

Wieso war das Deutsche Reich zersplittert?

Durch den Westfälischen Frieden von 1648 war das Deutsche Reich nicht nur kleiner, sondern auch schwächer geworden. Die einzelnen Landesfürsten hatten gegenüber dem Kaiser (von 1637–1657 war es Ferdinand III.) an Macht gewonnen. Das Reich war nur noch ein lockerer Verbund von über 300 weitgehend selbstständigen Einzelstaaten mit eigenen Gesetzen.

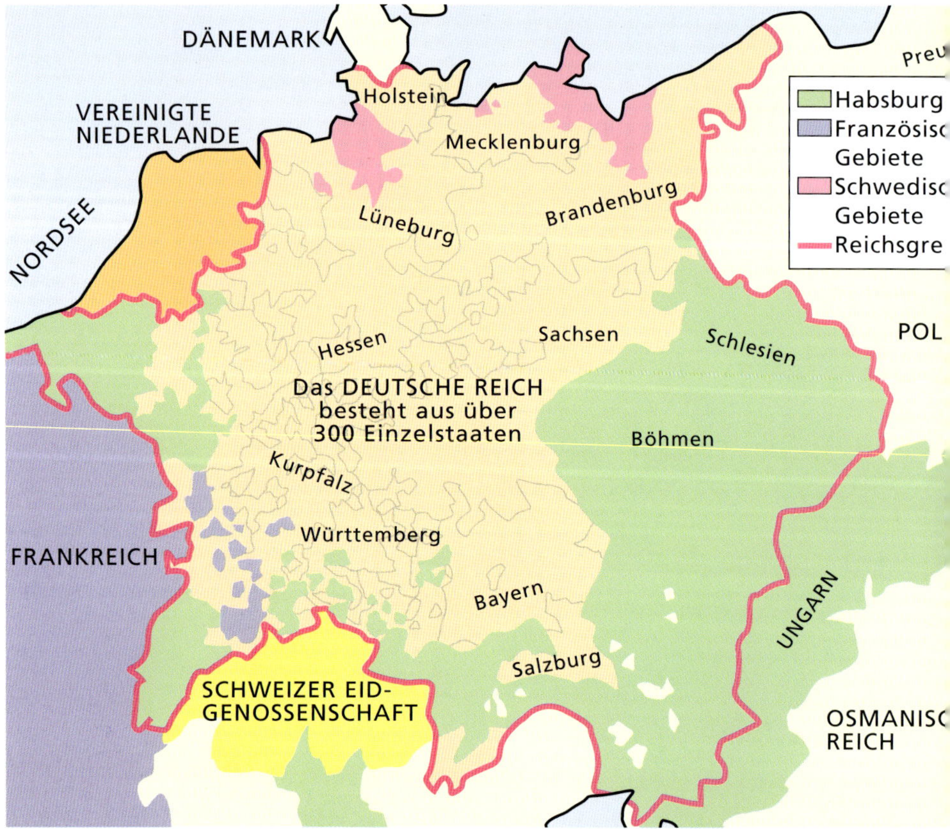

Nach dem Ende des Dreißigjährigen Kriegs bestand das nun kleiner gewordene Deutsche Reich aus dem Gebiet der Habsburger sowie aus mehr als 300 Kleinstaaten.

August der Starke versuchte ab 1694 die Stadt Dresden zu einem barocken Gesamtkunstwerk umbauen. So wollte er dem Sonnenkönig und seinem Schloss von Versailles nacheifern.

War die Kleinstaaterei für die Menschen von Vorteil?

Nein, denn die vielen Fürsten regierten recht selbstherrlich, mit anderen Worten absolutistisch. Jeder kleine Staat hatte sein eigenes Heer, kassierte Steuern und Zölle und hielt einen teuren Hofstaat. All dies musste selbstverständlich das einfache Volk bezahlen.

Stimmt das?

Manche deutschen Fürsten ließen sich sogar eigene Städte bauen.

Ja, beispielsweise ließ zwischen 1704 und 1733 der württembergische Herzog Eberhard Ludwig die Stadt Ludwigsburg anlegen. 1715 gründete sein Nachbar Karl Wilhelm von Baden-Durlach die Stadt Karlsruhe.

Was bedeutet Absolutismus?

Darunter versteht man eine Staatsform, in der der Herrscher die uneingeschränkte Macht hat. Er ist nicht mehr dem Adel und den Vertretern der Städte verpflichtet. Die Gesetze gelten für ihn nicht. Diese Staatsform setzte sich im 17. Jahrhundert in Europa durch, angeführt durch Frankreich. Dort regierte Ludwig XIV., der Sonnenkönig, mit großem Prunk.

„Sonnenkönig" nannte sich der französische König Ludwig XIV. So wie die Sonne in unserem Planetensystem stand er im Mittelpunkt des Staates, alles drehte sich nur um ihn. Die deutschen Fürsten wollten es ihm gleichtun.

Wodurch wurde das Deutsche Reich bedroht?

Im Westen war es der französische Sonnenkönig, der 1670 die Gebiete links des Rheins erobern ließ. Auch im Osten drohte Gefahr: Die Türken standen 1683 vor den Toren Wiens. Eine Streitmacht aus kaiserlichen, bayerischen, sächsischen und polnischen Truppen konnte sie zurückdrängen.

Was versteht man unter Barock?

Damit wird das Zeitalter von etwa 1600 bis 1750 bezeichnet sowie die damals vorherrschende Kunstrichtung. Das Wort leitet sich ab von *barroca* (italienisch und portugiesisch für schief, eigenartig). Die Schlösser der absolutistischen Herrscher sind im barocken, verschnörkelten Stil erbaut.

Der Zwinger in Dresden wurde zwischen 1711–1722 von Matthäus Daniel Pöppelmann und Balthasar Permoser gebaut. Er wurde im Zweiten Weltkrieg durch Bombenangriffe schwer beschädigt, aber direkt nach Kriegsende wieder aufgebaut. Bereits 1963 war die Wiederherstellung weitgehend abgeschlossen.

Der Aufstieg Preußens

Der Große Kurfürst Friedrich Wilhelm (1620–1688) schuf die Voraussetzungen dafür, dass sich das rückständige Preußen zu einer Großmacht entwickeln konnte.

Wie sah Preußen nach dem Dreißigjährigen Krieg aus?

Das Land bestand aus dem Kurfürstentum Brandenburg und dem Herzogtum Preußen. Weite Landesteile waren durch den Krieg stark verwüstet und entvölkert. Niemand hätte um 1648 geglaubt, dass Preußen einmal eine Großmacht werden würde.

Wer ermöglichte Preußens Aufstieg?

Das war Friedrich Wilhelm (1620–1688), der Große Kurfürst. Mit 20 Jahren wurde er Kurfürst von Brandenburg. Er brachte Menschen in das verlassene Gebiet: Niederländischen Bauern versprach er freies Land und sechs Jahre Steuerfreiheit. Und er nahm die Hugenotten auf, die in Frankreich wegen ihres calvinistischen Glaubens verfolgt wurden. Außerdem schuf er eine Berufsarmee, förderte Manufakturen und schränkte als absolutistischer Herrscher die Rechte der einzelnen Landesteile ein. So wurde Brandenburg zum nach Österreich mächtigsten Land im Deutschen Reich.

Wie wurde Preußen Königreich?

Der Sohn des Großen Kurfürsten wollte unbedingt König werden. Er zahlte viel Geld an den deutschen Kaiser, um sich „Friedrich I., König in Preußen" nennen zu dürfen. Bald wurde der Name „Preußen" für alle Landesteile üblich.

Friedrich Wilhelm I., der „Soldatenkönig" (1688–1740), machte aus Preußen die drittgrößte Militärmacht Europas.

Wer war der Soldatenkönig?

So wurde Friedrich Wilhelm I. (1688–1740) genannt, der Sohn Friedrichs I. Er war streng und unbeugsam und steckte viel Geld in die Armee, etwa zwei Drittel der Steuereinnahmen. Am Ende seiner Herrschaft besaß Preußen die viertgrößte Armee Europas.

Schloss Charlottenburg diente Friedrich I. als Wohnsitz. Ursprünglich trug es den Namen „Litzenburg". Friedrich I. ließ es jedoch nach dem Tod seiner Gemahlin Sophie Charlotte im Jahr 1705 umbenennen.

Friedrich I. (1657–1713) krönte sich selbst zum „König in Preußen". Damit die anderen Kurfürsten ihn anerkannten, musste er über eine halbe Million Taler bezahlen.

Hast du das gewusst?

Der Soldatenkönig hatte eine Vorliebe für große Soldaten. Für sein „Langes Potsdamer Königsregiment Nr. 6" ließ er in ganz Europa Männer anwerben, die mindestens 1,88 m groß sein mussten – für die damalige Zeit war das riesig.

Die „Langen Kerls" waren das Garderegiment des Soldatenkönigs. 2500 Männer mit einer Größe von über 1,88 m ließ er überall in Europa anwerben.

Wie lebten die einfachen Menschen damals?

Die meisten waren Bauern, die vollständig von ihrem Gutsherren abhängig waren. Immer mehr Handwerker arbeiteten in Manufakturen, den Vorläufern der Fabriken – viele Stunden für wenig Geld. Zur Armut gesellte sich vielfach noch die Angst vor den Werbern der Armee, die der Soldatenkönig durchs Land schickte. Rücksichtslos wurden Männer im wehrfähigen Alter rekrutiert.

Was versteht man unter den „preußischen Tugenden"?

Damit werden die Eigenschaften bezeichnet, die für den Soldatenkönig wichtig waren: Pflichtbewusstsein, Disziplin, Fleiß, Gehorsam und Ordnung.

In den Manufakturen, beispielsweise in Webereien, wo flinke Hände benötigt wurden, waren Kinder begehrte Arbeitskräfte.

Friedrich der Große und Maria-Theresia

Friedrich der Große (1712–1786) war sehr gebildet, an fortschrittlichen Gedanken interessiert und den verschiedenen Religionen gegenüber tolerant. Wie alle Herrscher damals sah allerdings auch er den Krieg als legitimes Mittel der Politik.

Wer war Friedrich der Große?

Friedrich II. (1712–1786), der Sohn des Soldatenkönigs, auch der „Alte Fritz" genannt. 1740 wurde er preußischer König. Er ließ mehrere Kriege führen, um Schlesien von den Habsburgern zu erobern. Auch Westpreußen wurde dem Land einverleibt. So stieg Preußen zur europäischen Großmacht auf. Er regierte zwar als absolutistischer, allein bestimmender Herrscher. Aber er förderte auch die Künste und Wissenschaften und ließ Schulen bauen.

Was war der Kartoffel-Erlass?

Friedrich II. befahl den Bauern, Kartoffeln anzubauen, weil er sie für eine geeignete Volksnahrung hielt. Bis dahin war sie nur der Oberschicht als Delikatesse bekannt. Noch heute sind Kartoffeln als Beilage in Norddeutschland verbreiteter als in Süddeutschland.

Was bedeutete Preußens Aufstieg für das Deutsche Reich?

Bisher waren die Habsburger, die in Österreich und Süddeutschland regierten, die mächtigsten Herrscher im Deutschen Reich – nun aber bildeten die preußischen Hohenzollern im Norden ein starkes Gegengewicht.

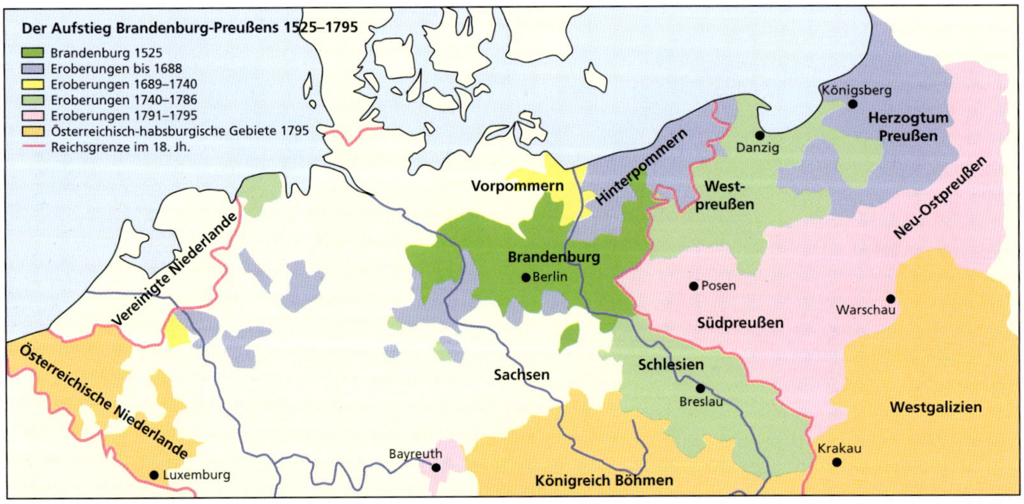

Im 18. Jahrhundert entwickelte sich Preußen zur Großmacht, vor allem durch die Eroberung Schlesiens und Westpreußens.

Wer war Maria-Theresia?

Maria-Theresia (1717–1780) aus dem Hause Habsburg war Friedrichs große Gegenspielerin. Sie war die Tochter Kaiser Karls VI. Nach seinem Tod 1740 wurde sie Erzherzogin von Österreich und Königin von Ungarn und Böhmen. Die Kaiserkrone blieb ihr jedoch verwehrt, weil sie eine Frau war.

Die Habsburgerin Maria-Theresia (1717–1780) war bei ihren Untertanen sehr beliebt.

Schloss Sanssouci wurde zwischen 1745–1747 nach Plänen Friedrichs des Großen errichtet. Das Gebäude war als privates Lustschloss nur für den König selbst sowie für von ihm ausgewählte Gäste vorgesehen.

Was war die Aufklärung?

Ab Mitte des 17. Jahrhunderts entwickelten Philosophen wie Descartes und später Voltaire ein neues Menschenbild: Alle Menschen seien von Natur aus gleich. Die Vernunft mache den Menschen zum Menschen und nicht der Glaube. Der Verstand müsse über Richtig und Falsch bestimmen – und nicht die Kirche oder der König. Friedrich der Große und Maria-Theresia verstanden sich als „aufgeklärte" Herrscher. Friedrich, an dessen Hof Voltaire zwei Jahre lang lebte, war den Religionen gegenüber tolerant, er schützte die Kleinbauern vor der Vertreibung durch Großgrundbesitzer, führte die Schulpflicht ein und schaffte die Folter ab. Maria-Theresia setzte sich für die Abschaffung der Leibeigenschaft ein und verbesserte das Gesundheitswesen.

Die Grenadiere der preußischen Armee wurden mit besonders gefährlichen Aufgaben wie dem Schleudern von Granaten betraut. Sie hatten bis zu einem Dutzend Granaten in einem speziellen Beutel bei sich.

Stimmt das?

Friedrich musste mit ansehen, wie sein Vater seinen besten Freund hinrichten ließ.

Ja, als Achtzehnjähriger versuchte Friedrich, mithilfe seines Freundes Hans Hermann von Katte nach England zu fliehen, um der Strenge seines Vaters zu entkommen. Sie wurden erwischt und landeten im Kerker. Katte wurde vor den Augen seines Freundes geköpft.

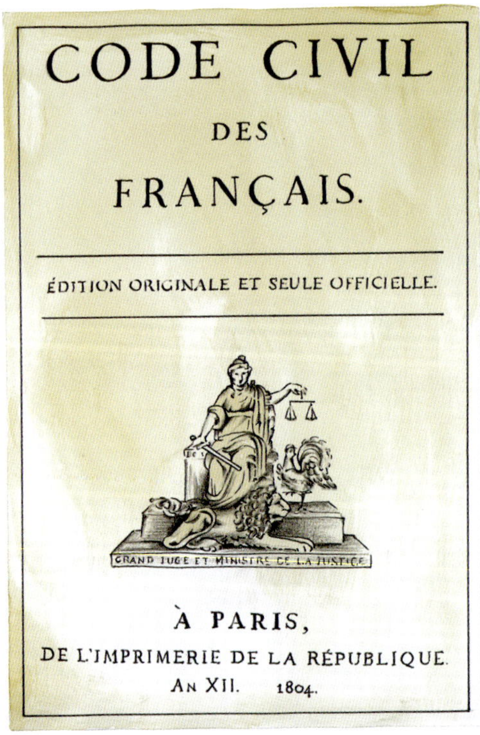
CODE CIVIL

DES

FRANÇAIS.

ÉDITION ORIGINALE ET SEULE OFFICIELLE.

GRAND JUGE ET MINISTRE DE LA JUSTICE

À PARIS,

DE L'IMPRIMERIE DE LA RÉPUBLIQUE.

AN XII. 1804.

Die Zeit des Bürgertums

Die Französische Revolution und ihre Folgen

Was war die Französische Revolution?

In Frankreich war der Unterschied zwischen Arm und Reich besonders groß und der König herrschte mit uneingeschränkter Macht. Die Unzufriedenheit der Menschen führte 1789 zum Aufruhr und zum Sturz des Königs. König Louis XVI., seine Familie und viele andere Adelige wurden verhaftet. Mit der Forderung nach „Freiheit, Gleichheit und Brüderlichkeit" sollte ein gerechteres Zeitalter beginnen – allerdings begannen die Revolutionäre schon bald mit dem Terror gegen alle Andersdenkenden.

In Leipzig forderten auch die Dienstmädchen mehr Rechte und bessere Arbeitsbedingungen.

Wie standen die Deutschen zur Revolution in Frankreich?

Auch im Deutschen Reich hatte das einfache Volk wenig Rechte und kaum Einfluss auf die Politik. Viele beklagten die große Not unter den Bauern und Handwerkern, und entsprechend hoffnungsvoll schaute man auf die Ereignisse in Frankreich. Vielerorts kam es zu Streiks und Aufständen gegen die Obrigkeit. Auch viele Dichter und Denker, unter ihnen beispielsweise Friedrich Schiller, begeisterten sich für die Revolution. Als im Jahr 1793 Robespierre und die Partei der Jakobiner eine wahre Schreckensherrschaft in Paris errichteten und viele Tausend Menschen töteten, war es bei den meisten Deutschen mit der Sympathie für die Revolutionäre vorbei.

Hast du das gewusst?

Die Stadt Mainz stand kurz davor, ein Teil Frankreichs zu werden. 1792 wurde in Mainz die Republik ausgerufen und man wollte sich Frankreich anschließen. Doch die Preußen schickten ihre Truppen und eroberten die Stadt zurück.

Nach der Französischen Revolution wurden Adelige mit der Guillotine geköpft. Insgesamt gab es rund 17 000 öffentliche Hinrichtungen.

Warum gab es im Deutschen Reich keine große Revolution?

In Preußen und Österreich, den beiden größten Ländern des Reichs, hatten Friedrich der Große und Joseph II. bereits Reformen ermöglicht. Der Gegensatz zwischen Arm und Reich war nicht so groß wie in Frankreich. Außerdem war Deutschland sehr zersplittert und hatte keine Hauptstadt, sodass sich die Ereignisse nicht so wie in Paris zuspitzen konnten.

Napoleon Bonaparte verriet die Ideale der Revolution, indem er die Macht an sich riss und sich zum Kaiser krönte.

Wie reagierten die deutschen Königshäuser?

Natürlich empfanden die Herrscher die Vorkommnisse in Paris als Bedrohung. Und so überwanden der preußische König und der österreichische Kaiser ihre Rivalität und kämpften ab 1792 in den Revolutionskriegen Seite an Seite gegen Frankreich. Allerdings schloss der preußische König Friedrich Wilhelm II. 1795 einen Sonderfrieden mit Frankreich.

Wer war Napoleon?

Unter General Napoleon Bonaparte (1769–1821) eroberte Frankreich fast ganz Europa – zunächst um den Gedanken der Revolution weiterzutragen. Napoleon wurde immer ehrgeiziger, stürzte schließlich im Jahr 1799 das Revolutions-Direktorium und krönte sich 1804 selbst zum Kaiser.

In Bürgerclubs wurde diskutiert, ob nicht auch in Deutschland eine Revolution möglich wäre.

Das Deutsche Reich wird umgestaltet

Warum gestaltete Napoleon Deutschland um?

Napoleon hatte mit seiner Armee fast ganz Europa erobert und wollte nun Einfluss auf die Geschicke der Länder nehmen. Weil er Österreich, den alten Rivalen der Franzosen, schwächen wollte, vergrößerte er Bayern, Württemberg und Baden, damit sie als „Pufferstaaten" zwischen Österreich und Frankreich dienten. Er vergrößerte auch Preußen, das ja ebenfalls in Rivalität zu den Habsburgern stand. Dazu nahm er der Kirche Gebiete weg und löste Hunderte von Fürstentümer und alten Ritterschaften auf (Reichsdeputationshauptschluss im Jahr 1803). Das war das Ende der vielen Kleinständer, in denen die Menschen für den Luxus ihrer Herrscher arbeiten mussten. Der Weg zu einem modernen Staat war geebnet.

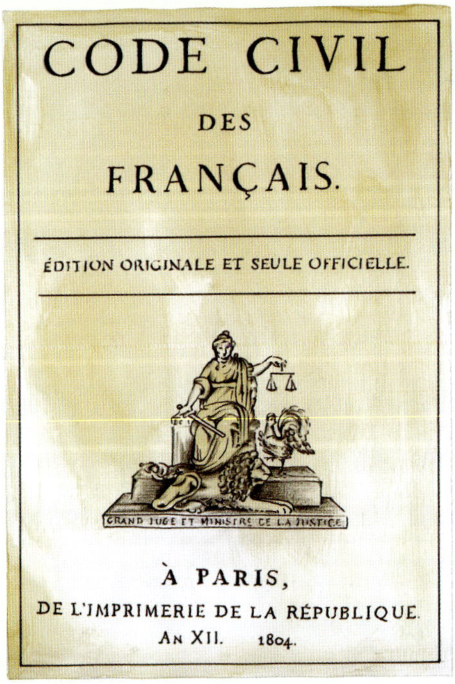
CODE CIVIL
DES
FRANÇAIS.
ÉDITION ORIGINALE ET SEULE OFFICIELLE.
GRAND JUGE ET MINISTRE DE LA JUSTICE
À PARIS,
DE L'IMPRIMERIE DE LA RÉPUBLIQUE.
AN XII. 1804.

Der Code Civil, das Bürgerliche Gesetzbuch, wurde auf Veranlassung Napoleons geschaffen.

Wieso verlor Preußen 1807 fast die Hälfte seines Landes?

1806 erklärte Friedrich Wilhelm III. Napoleon den Krieg. Preußen wurde vernichtend geschlagen. Nach dem „Frieden von Tilsit" im Jahr 1807 musste es große Gebiete abtreten, und die wichtigsten Festungen des Landes erhielten französische Garnisonen.

Franz II. (1768–1835) war seit 1792 Kaiser des Deutschen Reichs. Obwohl es nur eine Kaiserwürde im Reich geben durfte, ernannte er sich auch noch zum Kaiser Österreichs.

Was war der Code Civil?

Das war das neue bürgerliche Gesetzbuch der Franzosen. Es regelte auch in den Gebieten, die unter französischer Besatzung standen, das Miteinander der Menschen. Dadurch wurde auch in Deutschland manches besser: Die Leibeigenschaft und bestimmte Vorrechte von Adeligen und Geistlichen wurden abgeschafft. Die Bürger bekamen mehr Rechte.

Wer war Karl Freiherr vom und zum Stein?

Er war ein adeliger preußischer Minister, der einsah, dass man Preußen modernisieren musste. Ab 1807 schaffte er die Unfreiheit der Bauern und die Zunftordnung ab. Auch die Stadtverwaltungen erhielten mehr Rechte.

Wieso brachten die Reformen zum Teil noch größere Unfreiheit?

Bauern bewirtschafteten jetzt ihren eigenen Boden, mussten aber den Gutsherren einen Teil des Landes als Entschädigung überlassen. Handwerker machten sich selbstständig. Doch diese kleinen Unternehmen waren ohne den Zusammenhalt und die Preisabsprachen der Zunft oft gar nicht überlebensfähig. Viele Handwerker und Bauern waren schließlich ärmer als zuvor und gerieten in noch größere Abhängigkeit von den Fabrikbesitzern und Großbauern.

Warum endete das Heilige Römische Reich Deutscher Nation?

Seit dem Jahr 800 hatte es das Kaiserreich gegeben, seit 962 als „Heiliges Römisches Reich Deutscher Nation". 1806 traten 16 süd- und mitteldeutsche Staaten aus dem Reichsverband aus; Napoleon hatte sie zum „Rheinbund" zusammengeschlossen. Er zwang Kaiser Franz II., die Krone des Deutschen Reichs niederzulegen.

Drei Männer, die Preußen veränderten: rechts Karl Freiherr vom und zum Stein; in der Mitte Karl August von Hardenberg, der die Güter der Kirche einziehen ließ; links Gerhard Johann David von Scharnhorst. Er reformierte das Heer.

Einigkeit und Recht und Freiheit

Was war die Völkerschlacht bei Leipzig?

1813 und 1814 fanden die Befreiungskriege statt, in denen die Gegner Frankreichs die napoleonischen Truppen bekämpften. In der großen Schlacht vom 16. bis 19. Oktober 1813 bei Leipzig schlugen die Preußen, Russen, Engländer, Schweden und Österreicher gemeinsam die französische Armee. 1814 war Napoleon endgültig entmachtet und wurde in die Verbannung auf die Insel Elba geschickt.

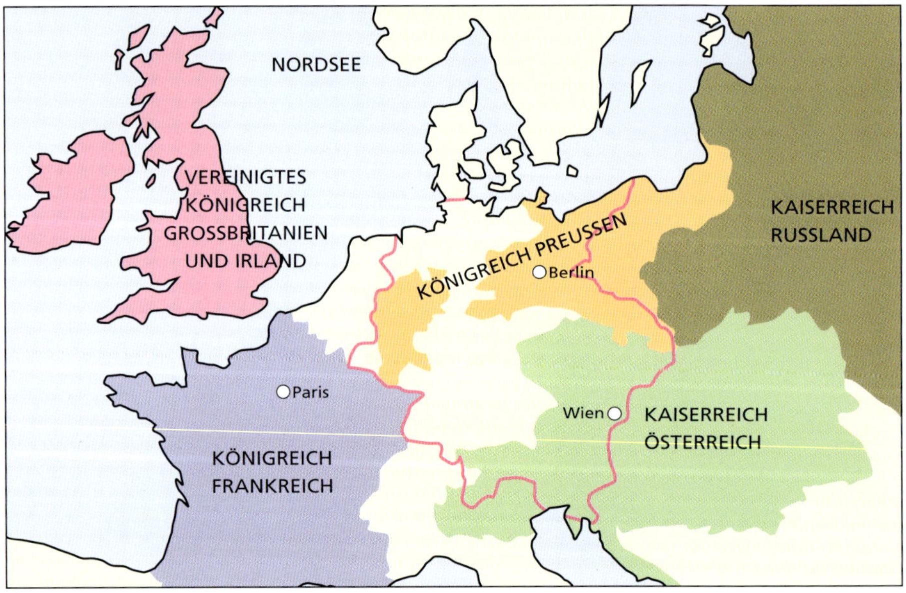

Mitteleuropa nach dem Wiener Kongress: Der Deutsche Bund (rote Linie) wurde als Bündnis verschiedener Staaten gegründet.

Stimmt das?

Viele Männer meldeten sich freiwillig, um gegen die Franzosen zu kämpfen.

Ja, damals brach eine wahre Kriegsbegeisterung aus und es bildeten sich so genannte Freikorps, halb-militärische, aus Freiwilligen bestehende Einheiten. Vor allem Studenten stürmten los, weil sie sich für ein befreites Deutschland Einigkeit erhofften.

1815 wurde der Deutsche Bund gegründet. Die Vertreter der Mitgliedsstaaten trafen sich zur Bundesversammlung, auch Bundestag genannt.

Drei Tage lang, vom 16. bis 19. Oktober 1813, kämpften die Preußen zusammen mit Russen, Engländern, Schweden und Österreichern gegen die napoleonische Armee. In dieser so genannten Völkerschlacht bei Leipzig erlebte das französische Heer eine entscheidende Niederlage.

Bei einem Fest auf der Wartburg am 18. Oktober 1817 schwenkten Studenten die schwarz-rot-goldene Fahne und demonstrierten gegen die preußische und österreichische Staatsmacht.

Warum waren viele Menschen enttäuscht vom Wiener Kongress?

Die Herrscher, allen voran der Österreicher Fürst Metternich, missachteten den Wunsch der Bürger nach mehr Mitbestimmung. Sie wollten alles so, wie es vor der Französischen Revolution gewesen war. Die Deutschen bekamen keinen einheitlichen Staat, stattdessen wurde der „Deutsche Bund" gegründet: ein Bündnis aus unabhängigen Ländern und vier Freien Städten. Diese Zeit, in der man die Uhren gleichsam zurückstellte, wird Restaurationszeit genannt.

Warum forderten die Deutschen Einigkeit und Recht und Freiheit?

Deutschland bestand aus unzähligen Fürstentümern und Königreichen. Die Übermacht des Französischen hatte in vielen Deutschen das Bewusstsein geweckt, einer Nation anzugehören. So wie die Franzosen, die Engländer oder die Spanier wollte man endlich ein gemeinsames Land haben. Mit der nationalen Einheit erhoffte man sich auch mehr Freiheit und Mitbestimmung für das Volk, weil nicht mehr jeder Fürst über „seine" Untertanen bestimmen würde. Doch der Wiener Kongress machte die Hoffnung der Deutschen auf ein Vaterland zunichte.

Was war der Wiener Kongress?

Von Herbst 1814 bis Juni 1815 trafen sich die europäischen Fürsten und Staatsmänner in Wien, um gemeinsam festzulegen, wie Europa nach dem Ende der französischen Besatzung aussehen sollte.

Hast du das gewusst?

Der Dichter Hoffmann von Fallersleben fasste 1841 die Hoffnung der damaligen Zeit in einem Lied zusammen, dessen dritte Strophe heute der Text der deutschen Nationalhymne ist. Sie beginnt mit den Worten „Einigkeit und Recht und Freiheit für das deutsche Vaterland!"

Das Völkerschlachtdenkmal bei Leipzig wurde im Oktober 1913 eingeweiht, genau 100 Jahre nach dem entscheidenden Sieg über die napoleonische Armee.

Kampf um Deutschlands Einheit

Was waren die Burschenschaften?

Die Erfahrung des gemeinsamen Kampfes gegen die Franzosen hatte vor allem die Studenten stolz und mutig gemacht. Sie schlossen sich zu Verbindungen und Burschenschaften zusammen, innerhalb derer sie ihr Nationalgefühl ausleben und freiheitliche (liberale) Gedanken äußern konnten.

Der österreichische Staatskanzler Fürst von Metternich (1773–1859) erließ die „Karlsbader Beschlüsse". Sie waren die Grundlage für die Verfolgung von Studenten, Professoren, Schriftstellern und Turnvereinen.

Hast du das gewusst?

Schwarz, Rot, Gold waren die Farben der Burschenschaften, beispielsweise die ihrer Fahnen. Es waren die Farben des Lützowschen Freikorps, einer Freiwilligenschar, die gegen Napoleon gekämpft hatte. Studenten und junge Dichter waren in diesem Korps gewesen, die meisten waren gefallen. Von da an galten diese Farben als Zeichen der Einigungsbewegung – und heute bilden sie die deutsche Flagge.

Auch „Turnvater Jahn" kam als Demagoge ins Gefängnis. Friedrich Ludwig Jahn (1778–1852), der 1811 nahe Berlin den ersten Turnplatz einrichtete, kämpfte für die deutsche Einheit.

Was war die Demagogenverfolgung?

Für den König von Preußen, den Kaiser von Österreich und vor allem für den Staatskanzler Fürst von Metternich waren die Menschen, die Deutschlands Einheit wollten, „Demagogen", Volksverführer. Gegen ihre Aktivitäten gingen die staatlichen Behörden mit aller Härte vor.

Zum Hambacher Fest kamen 30 000 Menschen aus den verschiedensten Schichten. Sie demonstrierten für Freiheit und Einheit.

Was waren die Karlsbader Beschlüsse?

1819 beschlossen Österreich, Preußen und acht andere deutsche Staaten in Karlsbad Maßnahmen, um gegen die „Demagogen" vorzugehen: Die Burschenschaften und Turnvereine wurden verboten, Universitäten überwacht, unliebsame Professoren entlassen, Zeitungen und Flugblätter unterstanden der Zensur.

Die Gebrüder Jacob und Wilhelm Grimm protestierten gegen den König von Hannover und wurden deshalb als Professoren entlassen.

Warum kam es 1830 in Deutschland zu Unruhen?

Die Zeit war reif für Veränderungen. Überall in der Welt erhoben sich die Menschen gegen ihre Unterdrücker. In Amerika kämpften die spanischen und portugiesischen Kolonien für ihre Unabhängigkeit; die Griechen erhoben sich gegen ihre türkischen Besatzer. In Frankreich wurde der König verjagt, in vielen anderen Ländern Europas kam es zu Aufständen – schließlich auch in Deutschland: Einzelne Fürstentümer erhielten Verfassungen, in denen dem Volk mehr Rechte zugebilligt wurden. In Baden etwa wurde die in der Restaurationszeit abgeschaffte Verfassung von 1818 wieder eingeführt.

Was war das Hambacher Fest?

Die Menschen in ganz Deutschland waren unzufrieden darüber, dass sie die Politik nicht mitbestimmen durften. Und so kam es zu einer für die damalige Zeit riesigen Demonstration: Vom 27. bis 30. Mai 1832 trafen sich rund 30 000 Menschen am Hambacher Schloss bei Neustadt an der Haardt. Sie ließen ein einiges, freies Deutschland hochleben und mit ihm ein „jedes Volk, dass seine Ketten bricht."

Deutschland wächst zusammen

Friedrich List (1789–1846) wurde 1822 als Demagoge verfolgt und ging in die USA. 1832 kehrte er nach Deutschland zurück und setzte sich für den Deutschen Zollverein und die Eisenbahn ein.

Warum war das zersplitterte Deutschland so von Nachteil?

Der Wunsch, aus all den Einzelstaaten ein gemeinsames Deutschland zu schaffen, hatte auch wirtschaftliche Hintergründe: Weil es so viele Landesgrenzen und Zollschranken gab, war der Handel sehr kompliziert. Deutschland konnte kaum mit so einem erfolgreichen Staat wie England konkurrieren, wenn jeder Landesfürst Zoll erhob. Es gab immerhin noch 35 Einzelstaaten und vier Freie Städte.

Anfang des 19. Jahrhunderts gab es noch zahlreiche Zollkontrollstellen zwischen den deutschen Einzelstaaten. Mit der Gründung des Zollvereins im Jahre 1834 fielen die Schranken – und damit die Zölle – eine erhebliche Vereinfachung für den Handel.

Wer war Friedrich List?

Er war ein schwäbischer Politiker, der in den USA einen modernen Staat erlebt hatte. Er erkannte, wie wichtig es für die Wirtschaft war, dass Deutschland endlich zusammenwuchs. Er setzte sich für einen gemeinsamen Zollverein und den Ausbau der Eisenbahn ein.

Was war der Deutsche Zollverein?

Die meisten deutschen Länder schlossen sich 1834 zu einem Zollverein zusammen und schufen damit einen weitgehend einheitlichen deutschen Wirtschaftraum, in dem sie sich nicht mehr gegenseitig Zölle abverlangten. Da Österreich nicht beteiligt war, spricht man von der „klein-deutschen" Lösung; auch hinsichtlich der politischen Einigung Deutschlands sollte es schließlich zu dieser Lösung kommen.

Die Eröffnung einer neuen Eisenbahn war ein großes Ereignis. Doch an der Landesgrenze war die Fahrt meist zu Ende.

Warum war die Eisenbahn so wichtig geworden?

Für den Transport von Menschen und Gütern war die Eisenbahn in Ländern wie den USA und England unverzichtbar geworden. Durch die besseren Transportmöglichkeiten, aber auch durch den Ausbau des Schienennetzes selbst wurde die Industrieproduktion angekurbelt.

Warum forderte Friedrich List ein einheitliches deutsches Schienennetz?

Die meisten Strecken wurden von privaten Unternehmern gebaut, und zwar ohne die Streckenführung mit den Nachbarn abzustimmen. Erst als das preußische Militär begriff, wie wichtig ein durchgehendes Schienennetz im Kriegsfall war, wurde planvoller gebaut. So konnten endlich große Entfernungen schnell überwunden werden – und so wuchs Deutschland ein Stück weit zusammen.

Der von Samuel Morse entwickelte Telegraf ermöglichte ab 1837 die elektrische Übermittlung von Nachrichten.

Hast du das gewusst?

Die erste deutsche Eisenbahn fuhr am 7. Dezember 1835 auf der sechs Kilometer langen Strecke von Nürnberg nach Fürth.

Was bewirkte die Erfindung des Telegrafen?

Auch die neuen Telegrafen führten dazu, dass die Entfernungen in Deutschland „schrumpften". Ähnlich wie heutzutage das Internet eine weltweite Zusammenarbeit einfacher gemacht hat, brachten auch damals zahlreiche Erfindungen die Menschen näher zusammen.

Die Industrielle Revolution

Die Harkortsche Fabrik war die erste Anlage der Stahlindustrie im Ruhrgebiet (ab 1818).

Was war die Industrielle Revolution?

Die Arbeit und das Leben der Menschen in Deutschland veränderte sich im 19. Jahrhundert durch technischen Fortschritt und den Aufbau von Industrie so gewaltig, dass man von einer „Revolution", also einer kompletten Umwälzung sprach.

Welche Maschinen veränderten die Arbeit entscheidend?

Durch Dampfmaschine, Spinnmaschine und mechanischen Webstuhl wurde das Leben von Millionen von Menschen auf den Kopf gestellt: Aus einfachen Manufakturen, in denen die Menschen die Waren in Handarbeit herstellten, wurden große Fabriken, wo mit riesigen Maschinen enorme Mengen preiswerter Waren produziert werden konnten.

Die Kinderarbeit in den Kohlegruben gehört sicher zu den traurigsten Kapiteln der Industrialisierung. Erst als es um die Gesundheit vieler Kinder so schlecht bestellt war, dass sie für den späteren Militärdienst untauglich zu werden drohten, erließ man in Preußen staatliche Schutzbestimmungen (1839).

Wie kam es zur Landflucht?

Die kleinen Handwerksbetriebe konnten mit der industriellen Produktion nicht mehr mithalten. Die Handwerker aus den Dörfern zogen in die Nähe der Fabriken, um dort Arbeit zu finden. Auch verarmte Bauern zogen in die rasant wachsenden Städte.

In den Fabriken verrichteten mechanische Spinnmaschinen die gleiche Arbeit wie die Handwerker – nur viel schneller und billiger.

Ging es den Menschen durch die Industrielle Revolution besser?

Nein, nur einer kleinen Schicht von Unternehmern brachte sie Wohlstand. Die Mehrheit des Volkes lebte weiterhin in großer Armut. Die Arbeiter waren von den Fabrikherren vollkommen abhängig. Für sehr wenig Geld arbeiteten sie mehr als zwölf oder vierzehn Stunden am Tag, auch sonntags. Damit die Familie überleben konnte, mussten schon die Kinder arbeiten gehen.

Mit Pflastersteinen „bewaffnet", versuchten die verzweifelten schlesischen Weber am 4. Juni 1844 die Häuser der Fabrikherren zu stürmen.

Wie entwickelte sich das Ruhrgebiet?

Durch den Ausbau der Eisenbahn wurde die Herstellung von Stahl enorm wichtig – und damit auch der Bergbau. Das Ruhrgebiet, wo Kohle abgebaut wurde, entwickelte sich zu einer der größten Industrieregionen Europas. Firmen wie Krupp erlangten Weltruf.

Was war der Weberaufstand?

In Schlesien erhoben sich 1844 rund 3000 Weber gegen ihre Arbeitgeber, für die sie zu Hause am Webstuhl saßen. Die Stoffe, die in den großen Fabriken hergestellt wurden, waren so billig, dass die Unternehmer den Webern nur noch Hungerlöhne zahlten. Die verzweifelten Familien forderten höhere Löhne. Als das abgelehnt wurde, drangen sie in die Fabriken ein, um die Maschinen zu zerstören. Doch das preußische Militär schlug den Aufstand nieder.

Hast du das gewusst?

Selbst fünfjährige Kinder mussten schon in den Kohlegruben arbeiten. Sie steckten oft den ganzen Tag in den dunklen, engen Gängen, um Belüftungsklappen zu bedienen oder Loren zu schieben.

Warum wanderten Millionen Deutsche aus?

Vor allem um anderswo Arbeit zu finden, aber auch um der politischen Verfolgung zu entkommen. Zwischen 1830 und 1870 verließen etwa 2,5 Millionen Menschen das Deutsche Reich; zwischen 1846 und 1855 noch einmal 1,1 Millionen.

Alfred Krupp (1812–1887) übernahm die Firma Krupp mit sieben Mitarbeitern von seinem Vater. Unter seiner Leitung wuchs der Betrieb schließlich zu einem Großunternehmen mit 20 000 Beschäftigten an.

Der von Alfred Krupp entworfene Dampfhammer „Fritz" wurde 1861 als Weltwunder betrachtet. Er hatte ein Fallgewicht von 50 Tonnen und ermöglichte das Ausschmieden besonders großer Werkstücke aus Gussstahl.

Die Märzrevolution von 1848

Warum kam es 1848 zu Unruhen im Deutschen Reich?

Als die Franzosen im Februar 1848 ihren König stürzten, kam es auch in fast allen deutschen Ländern zu Unruhen. Die Menschen forderten Presse- und Vereinsfreiheit, ein bundesweites Parlament und auch den Rücktritt des verhassten Staatskanzlers Metternich, der über 30 Jahre lang alles Streben nach Freiheit unterdrückt hatte.

Eine Versammlung vor dem Berliner Schloss entwickelte sich zum Straßenkampf. 245 Menschen wurden getötet, bis der peußische König seine Truppen zurückbefahl.

Wie entwickelte sich die Märzrevolution von 1848?

Am 13. März flohen Metternich und der kaiserliche Hof aus Wien. Der österreichische Kaiser versprach, eine Verfassung zu bewilligen. Am 15. März fielen in Berlin die ersten Schüsse, etwa 4000 Aufständische stellten sich in Straßenkämpfen den 14 000 Soldaten Friedrich Wilhelms IV. entgegen. Der preußische König befürchtete einen Bürgerkrieg und zog seine Truppen zurück. Er versprach auch für Preußen eine Verfassung und verkündete „Preußen geht in Deutschland auf". Die Einzelstaaten des Deutschen Bundes beschlossen nun endlich, Wahlen zu einem gesamtdeutschen Parlament zuzulassen.

Die Frankfurter Paulskirche war von 1848–1849 der Tagungsort der Nationalversammlung. Sie gilt heute als Symbol für die Freiheit und als Wiege der deutschen Demokratie.

Hast du das gewusst?

Die Verfassung legt die grundlegende politische Ordnung eines Staates sowie die Rechte und Pflichten seiner Bürger fest. Die Verfassung des heutigen Deutschland ist das Grundgesetz. Im 19. Jahrhundert forderten die Bürger eine Verfassung, die die Gleichheit aller Menschen, freie Wahl der Regierung und die Mitbestimmung des Volkes garantiert.

Gab es damals schon politische Parteien?

Nein, nur unterschiedliche Gruppen. Sie wurden die Rechten, die Mitte und die Linken genannt – abhängig davon, wo sie ihren Platz im Parlament hatten. Die Linken wollten mehr soziale Gerechtigkeit und eine demokratische Republik (Demokratie = Herrschaft des Volkes). Die Rechten waren die Konservativen (konservieren = erhalten), die nur wenig verändern wollten. Die Mitte bestand aus Liberalen (liberal = freiheitlich). Sie wollten das Königtum bewahren, aber gleichzeitig den Bürgern viele Rechte gewähren. Noch heute benutzt man die Begriffe „links", „rechts" und „Mitte" für die Parteien.

Am 18. Mai 1848 fand in der Frankfurter Paulskirche die erste Sitzung der Nationalversammlung statt. Elf Monate später war sie gescheitert und löste sich auf.

Was war die Frankfurter Nationalversammlung?

Am 18. Mai 1848 trafen sich die Abgeordneten der deutschen Länder in Frankfurt zur ersten Sitzung des Parlaments, der Nationalversammlung. Sie berieten über eine gemeinsame Verfassung – vor allem darüber, was Deutschland in Zukunft sein sollte: Monarchie oder Republik.

Warum scheiterte die Nationalversammlung?

Man beschloss, dass Österreich nicht mehr zum Reich gehören sollte. Stattdessen sollte der preußische König zum Kaiser der Deutschen werden. Doch Friedrich Wilhelm IV. lehnte die „Schweinekrone" ab, weil an ihr der „Ludergeruch der Revolution" klebe. Enttäuscht verließen viele Abgeordnete die Versammlung. Die deutschen Großmächte erklärten das gemeinsame Parlament für gescheitert. Zwar erließen die einzelnen Staaten Verfassungen, aber die Vertreter des Volkes waren an diesem Prozess nicht beteiligt.
Schon 1851 wurden fast überall die Grundrechte wieder abgeschafft und Proteste mit Waffengewalt erstickt.

Auch Kinder waren an den Straßenkämpfen im März 1848 in Berlin beteiligt. Sie gossen Bleikugeln für die Gewehre der Revolutionäre.

Das Kaiserreich

Der „eiserne Kanzler" Otto Fürst von Bismarck (1815–1898) machte Deutschland unter preußischer Führung zu einem vereinigten Kaiserreich.

Otto von Bismarck und das neue Deutsche Reich

Wer war Otto von Bismarck?

Otto von Bismarck (1815–1898) war ein preußischer Junker (Landadeliger). 1862 wurde er Ministerpräsident von Preußen – das neben Österreich das mächtigste Land im Deutschen Bund war. Durch seine Politik und Kriegsführung wurde 1871 das Deutsche Kaiserreich gegründet. Bismarck wurde erster Kanzler des neuen Reichs.

18. Januar 1871: Während die deutschen Truppen noch vor Paris stehen, wird im Spiegelsaal des Schlosses von Versailles der Wilhelm I. zum deutschen Kaiser ernannt.

Wieso setzte Bismarck auf „Blut und Eisen"?

Ebenso wie das Volk wollte auch Bismarck aus dem Deutschen Bund ein vereintes Deutschland machen, allerdings unter preußischer Führung. Er war davon überzeugt, dass sich die Einigung nur durch „Blut und Eisen", also durch Krieg, erzielen ließe – nicht auf diplomatischem Wege, durch eine friedliche politische Verständigung der beteiligten Mächte.

Welche Kriege ließ Bismarck führen?

1864 kam es zum Deutsch-Dänischen Krieg: Dänemark musste Schleswig und Holstein abtreten. 1866 besiegte Preußen die Truppen Österreichs und der meisten anderen Länder des Deutschen Bundes. 1870 siegte Preußen über Frankreich.

Was war das Entscheidende am Deutschen Krieg?

Österreich, Preußens großer Rivale, war mit der Schlacht von Königgrätz (1866) endgültig besiegt. Bei den anschließenden Friedensverhandlungen wurde der Deutsche Bund aufgelöst. Preußen schloss sich mit einigen kleineren Ländern zum Norddeutschen Bund zusammen: der erste Schritt zu einem vereinten Deutschland – ohne Österreich.

Warum war der Sieg über Frankreich von so großer Bedeutung?

Als Preußen und seine Verbündeten auch noch den Krieg gegen Frankreich gewannen, war die nationale Begeisterung in Deutschland groß. Auch die süddeutschen Staaten erklärten sich nun mit der Gründung eines Deutschen Reichs unter preußischer Führung einverstanden. Bismarck hatte Recht behalten: Durch die Kriege war ein geeintes Deutschland entstanden – aber Hunderttausende von Soldaten hatten es mit ihrem Leben bezahlt.

Wilhelm I. (1797–1888) war ab 1861 König von Preußen. 1871 wurde er zum deutschen Kaiser gekrönt.

Die Pickelhaube, der Helm der preußischen Soldaten, wurde zum Symbol für Preußens Macht.

Wer war der erste deutsche Kaiser der Neuzeit?

Der preußische König Wilhelm I. (1797–1888) wurde am 18. Januar 1871 zum Kaiser gekrönt.

Hast du das gewusst?

Die Pickelhaube, die ab 1842 im preußischen Heer getragen wurde, war für einige berittene Truppen aus Metall, sonst aber aus Leder gefertigt.

Wie sah das neue Deutsche Reich aus?

Es bestand aus 25 Bundesländern sowie Elsass-Lothringen, das einen Sonderstatus hatte. Es wurde Reichsland genannt und war dem Kaiser direkt unterstellt. Das mit Abstand größte der Bundesländer war Preußen, gefolgt von Bayern und Württemberg. Der preußische König war per Verfassung auch der deutsche Kaiser.

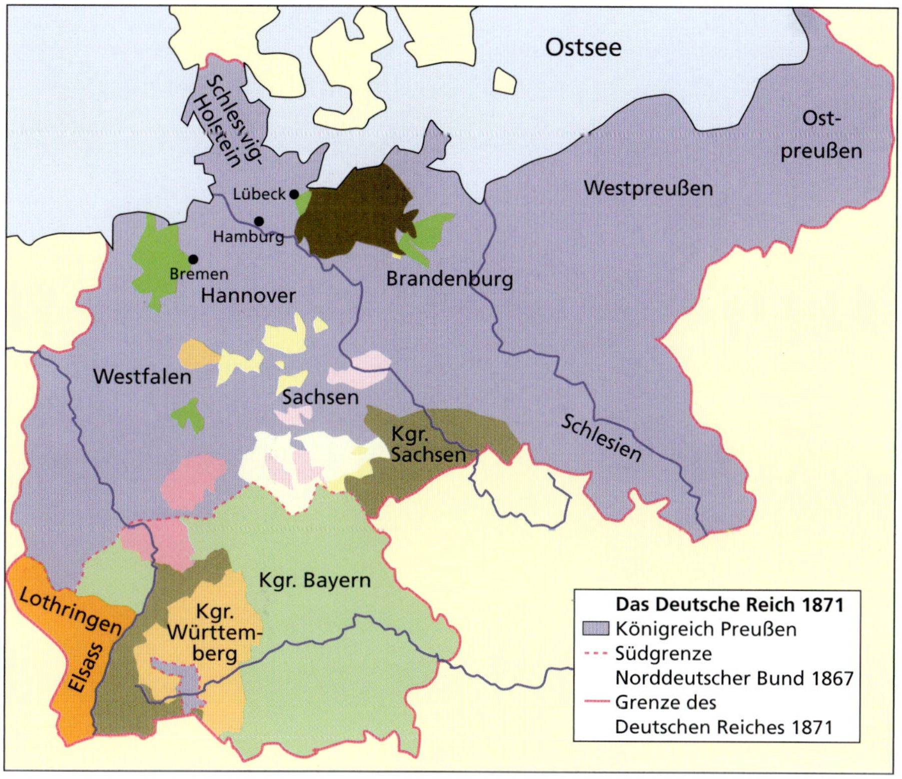

Aus dem Nord- und Süddeutschen Bund entstand das Deutsche Reich. Auch das früher französische Gebiet Elsass-Lothringen gehörte nun dazu.

Die Gründerjahre

Was versteht man unter den Gründerjahren?

Damit sind die Jahre nach der Gründung des Deutschen Reichs gemeint, also die Zeit nach 1871. Die Deutschen hatten endlich ihr gemeinsames Reich, und viele Bürger blickten voller Stolz und Zuversicht in die Zukunft. Es war eine Zeit des rasanten Aufschwungs, was auch in einem regelrechten Bauboom zum Ausdruck kam.

1873 wurde die Siegessäule in Berlin errichtet. Sie bringt den Stolz auf die gewonnenen Kriege gegen Dänemark, Österreich und Frankreich zum Ausdruck.

Wie kam es zu dem rasanten Aufschwung der Wirtschaft?

Frankreich musste nach dem verlorenen Krieg von 1870 enorme Reparationszahlungen an Deutschland leisten und es kam somit sehr viel Geld ins Land. Außerdem blühte der Handel auf, gab es doch jetzt geringere Zölle auf die Waren, da die deutschen Länder vereint waren. Es kam zu zahlreichen Firmengründungen und einem erheblichen Anstieg der Warenproduktion.

Ab wann gab es in Deutschland die Mark?

Ab 1878 waren die verschiedenen Währungen der einzelnen Bundesländer nicht mehr gültig. Die gemeinsame Währung des Deutschen Reichs war nunmehr die Mark.

Um ihren neu gewonnenen Reichtum zu zeigen, ließen sich die Bürger stattliche Häuser bauen, die heute „Gründerzeithäuser" genannt werden.

Wie kam es zur Krise der Wirtschaft?

Ein steiler Aufschwung zieht oftmals einen schnellen Niedergang nach sich. So auch im Deutschen Reich, wo es bald sehr viel mehr Waren als Käufer gab. Bereits 1873 kam es zur Krise. Viele Banken gingen bankrott, Firmen hatten sich übernommen, Unternehmer scheiterten. Tausende von Arbeitern wurden entlassen. Vor allem in den Städten wuchs das Elend.

Gab es im Deutschen Reich nun endlich eine Volksvertretung?

Ja, den Reichstag. Aber nur Männer, die älter als 25 Jahre waren, durften ihn wählen. Seine Macht war gering, denn die Regierung musste ihre Handlungen nicht vor ihm verantworten. Die wahre politische Macht lag beim Kaiser und seinem Kanzler Bismarck.

Warum spricht man von Kolonialzeit?

Zu Kaisers Zeiten sah sich Europa als das Zentrum der Welt. Man glaubte, das Recht des Stärkeren zu haben, besetzte die weniger entwickelten Länder und beutete sie aus. Deutschland entschloss sich später als andere Nationen, Kolonien zu gründen. Die afrikanischen Gebiete, die bereits von deutschen Kaufleuten besetzt worden waren, wurden 1884 zu „Schutzgebieten" des Deutschen Reiches ernannt. Bald darauf gab es in verschiedenen Erdteilen deutsche Kolonien.

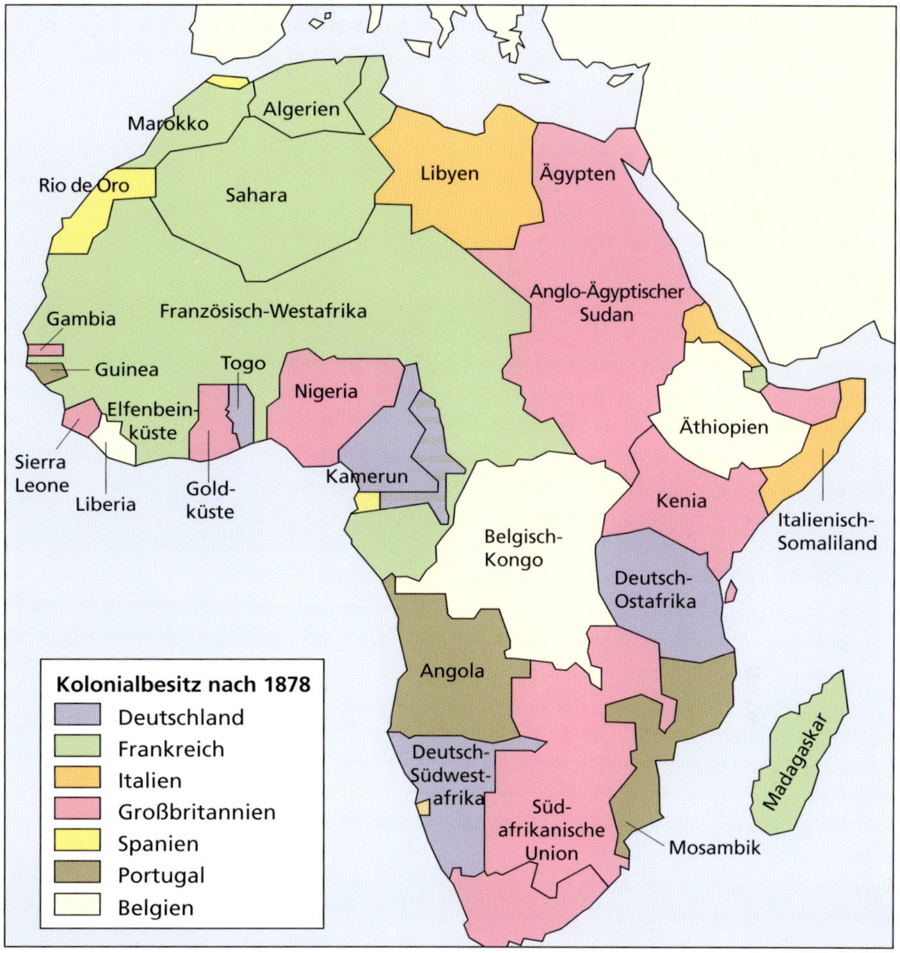

Eine deutsche Kolonialpolitik betrieb Bismarck erst ab 1884, als die anderen Großmächte bereits zahlreiche Kolonien besaßen.

Die Flagge des Deutschen Kaiserreichs wehte in den Gebieten, die man zu „Protectoraten" (= Schutzgebiete) erklärte. „Geschützt" wurden allerdings nur die Interessen der deutschen Kaufleute und Siedler.

Gab es Kritik an der Kolonialpolitik?

Viele Deutsche fanden es gut, dass Deutschland Kolonien hatte. Als jedoch 1904 in Deutsch-Südwestafrika, dem heutigen Namibia, ein Aufstand der einheimischen Hereros brutal niedergeschlagen wurde, gab es im Parlament heftige Diskussionen um die Kolonialpolitik.

Die von den deutschen Soldaten verfolgten Hereros hatten keine Chance. Von den rund 80 000 Stammesangehörigen überlebten kaum 15 000.

Streben nach Gerechtigkeit

Was war das Dreiklassenwahlrecht?

Im Kaiserreich war die Ordnung der Gesellschaft klar: Oben standen die Adeligen und die reichen Großbürger. Die Mittelschicht bestand aus dem Bürgertum, das von Kaufleuten, Fabrikanten, Professoren und Ärzten bis hin zu Handwerkern, Angestellten und Beamten reichte. Die Unterschicht bildeten die Arbeiter und Bauern. Das Wahlrecht übernahm diese Ordnung: Wer wenig Steuern zahlte – das waren die vielen Armen –, dessen Stimme zählte sehr viel weniger als die Stimmen derjenigen, die mehr zahlen konnten. So konnten die Reichen die Politik bestimmen.

Warum wuchs das Elend in den Städten?

Auf dem Land war die Armut groß. Die Landwirtschaft konnte die wachsende Bevölkerung nicht mehr ernähren. Millionen zogen deshalb auf der Suche nach Arbeit in die Städte. Obwohl große Mietshäuser entstanden, gab es nicht genug Wohnraum. Oft teilte sich eine kinderreiche Familie ein einziges Zimmer. Die mangelhafte Ernährung und die schlechten Wohnverhältnisse machten die Menschen anfällig für Krankheiten und viele starben in jungen Jahren. Die Wirtschaftskrise 1873 zog eine hohe Arbeitslosigkeit nach sich – Arbeitslosengeld gab es noch nicht.

Hast du das gewusst?

Berlin hatte um 1900 schon zwei Millionen Einwohner. Auch Hamburg wuchs zwischen 1850 und 1900 um das Fünffache.

Der Journalist und Philosoph Karl Marx (1818–1883) und der Politiker und Philosoph Friedrich Engels (1820–1895) veröffentlichten 1848 das „Kommunistische Manifest", das politische Programm der Kommunisten.

Viele Menschen zimmerten sich Bretterbuden am Stadtrand, weil sie sich keine Wohnung leisten konnten.

Der Drechslermeister August Bebel (1840–1913) war einer der Gründer der „Sozialdemokratischen Arbeiterpartei", aus der 1875 die SPD hervorging.

Wie entstanden die ersten Arbeiterparteien?

Die Arbeiter taten sich zusammen, um für die Verbesserung ihrer Lebensbedingungen zu kämpfen. 1863 gründete Ferdinand Lasalle den „Allgemeinen Deutschen Arbeiterverein". 1869 entstand unter Führung von August Bebel und Wilhelm Liebknecht die „Sozialdemokratische Arbeiterpartei". 1875 schlossen sie sich zur „Sozialistischen Arbeiterpartei Deutschlands" zusammen, aus der 1890 die SPD hervorging, die „Sozialdemokratische Partei Deutschlands".

Was sind Sozialismus und Kommunismus?

Als Gesellschaftstheorie beschäftigt sich der Sozialismus mit der Frage, wie Armut, Unterdrückung, Unrecht und Ausbeutung entstehen. Seine Anhänger entwickeln Ideen im Hinblick darauf, wie eine gerechtere Gesellschaft auszusehen hätte und wie die alte Ordnung zu stürzen sei. Die Kommunisten wollen diese Gerechtigkeit erreichen, indem sie das Privateigentum abschaffen. Fabriken und Unternehmen sollen dem Volk gehören. Der Kommunismus wurde entscheidend von Marx und Engels geprägt.

Warum verbot Bismarck die Sozialisten?

Obwohl mit August Bebel und Wilhelm Liebknecht nur zwei Sozialdemokraten im ersten deutschen Reichstag saßen, glaubte Bismarck, die neue Arbeiterpartei könnte die bestehende Ordnung in Gefahr bringen. 1878 erließ er ein Gesetz gegen „die gemeingefährlichen Bestrebungen der Sozialdemokratie". Vereine, Versammlungen, Feste und Zeitungen der Sozialdemokraten wurden verboten, ebenso die Gewerkschaften.

Manch ein Firmeninhaber ließ für seine Arbeiter Wohnungen bauen. Sie lagen meist in engen Gassen wie dieser in Hamburg, die „Langer Jammer" genannt wurde. In die Hinterhöfe drang kaum Licht und frische Luft. Trotzdem konnten sich die Familien glücklich schätzen, überhaupt ein Dach über dem Kopf zu haben.

Modernere Zeiten

Wann wurde die Situation der Arbeiter besser?

Zwischen 1883 und 1889 erließ Bismarck eine Reihe von Arbeiterschutzgesetzen, die die Arbeitsbedingungen insgesamt verbesserten. Endlich waren die Arbeiter versichert, erhielten also finanzielle Unterstützung, wenn sie krank waren oder einen Unfall hatten. Im Alter und bei Arbeitsunfähigkeit bekamen sie eine Rente. Auch die Familie eines bei der Arbeit tödlich Verunglückten erhielt eine Rente.

Warum erließ Bismarck so fortschrittliche Gesetze?

Er tat es nicht aus Sympathie für die Arbeiterschaft. Aber er begriff, dass der Staat etwas für die Arbeiter tun musste, wenn es nicht zum Aufruhr kommen sollte.

Stimmt es, dass die Sozialdemokraten immer stärker wurden?

Weil Bismarck die Arbeiterpartei verbot und ihre Anführer verfolgte, stärkte er die Solidarität der Menschen mit der SPD. Als sie 1890 wieder zu den Wahlen zugelassen wurde, bekam sie die meisten Wählerstimmen, über 1,4 Millionen. Aufgrund des Dreiklassenwahlrechts fielen diese Stimmen jedoch nicht so stark ins Gewicht.

Clara Zetkin (1857–1933) begründete die sozialistische Frauenbewegung. Von 1920 bis 1933 war sie für die Kommunistische Partei Deutschlands (KPD) Mitglied des Reichstags.

Wieso forderten auch die Frauen mehr Rechte?

Das Kaiserreich war „männlich". Wichtig war, als Soldat gedient zu haben. Frauen hatten das Haus zu hüten oder aber, falls sie der Unterschicht angehörten, als billige Arbeitskräfte bis zu 18 Stunden am Tag zu schuften. Auf den höheren Schulen hatten sie nichts zu suchen. Gleichheit gab es für Frauen nur in Form einer Zeitschrift. „Die Gleichheit" hieß nämlich die Zeitschrift, die Clara Zetkin ab 1891 herausgab. Sie kämpfte damit für bessere Arbeitsbedingungen und das Wahlrecht für Frauen. Die ersten Streiterinnen für mehr Rechte waren Louise Otto-Peters und Auguste Schmidt, die 1865 in Leipzig den Allgemeinen Deutschen Frauenverein gegründet hatten.

Alte und Versehrte bekamen ab 1889 eine Rente. Wie hier auf dem Hamburger Hauptpostamt konnten sie sich das Geld auszahlen lassen.

Wieviel Prozent der Deutschen lebten um 1900 in Industriegebieten?

Bereits über die Hälfte der Bevölkerung. Die Landwirtschaft verlor zunehmend an Bedeutung.

Automobile mit einer Pferdestärke (1 PS) waren um 1900 noch etwas Besonderes.

Hast du das gewusst?

Die in der ganzen Welt bekannte Herkunfts- und Qualitätsbezeichnung „Made in Germany" wurde schon 1887 eingeführt.

Der britisch-kanadische Erfinder Alexander Graham Bell (1847–1922) stellte seinen Kollegen 1876 das erste Telefon vor. Kurz darauf wurde es von Thomas Alva Edison (1847–1931) weiterentwickelt, sodass es auch bei großen Entfernungen funktionierte.

Welche Erfindungen veränderten das Leben der Menschen?

Ab 1885 wurden in vielen Großstädten Deutschlands die ersten Kraftwerke gebaut, um Strom zu erzeugen. Im selben Jahr baute Gottlieb Daimler das erste Motorrad. 1886 führte Carl Friedrich Benz das erste Auto vor. Auch das Telefon – 1876 von Alexander Graham Bell und Thomas Alva Edison erfunden – verbreitete sich allmählich.

So sah 1885 das erste Motorrad aus, das Gottlieb Daimler (1834–1900) entwickelte. Der Rahmen war aus Holz, und man saß auf einem Ledersitz, der wie ein Pferdesattel geformt war.

Das Grammophon ist ein Gerät zur Wiedergabe von Tönen. Es wurde 1887 von Emile Berliner (1851–1929) in Hannover erfunden.

Mit Hurra in den Ersten Weltkrieg

Es ging mit Hurra an die Front. Die deutschen Soldaten wollten einen „Ausflug nach Paris“ machen. Sie ahnten nicht, dass ihnen ein langer Krieg bevorstand, den viele nicht überleben würden.

Kaiser Wilhelm II. (1859–1941) liebte es, kriegerische Reden zu halten und von Deutschlands Größe zu schwärmen.

Was war das Dreikaiserjahr?

Im März 1888 starb Kaiser Wilhelm I. Sein Sohn Friedrich III. war nur drei Monate auf dem Thron, als er an Krebs starb. Nun wurde dessen Sohn Kaiser, Wilhelm II.

Warum trat Bismarck als Kanzler zurück?

Der alte Kanzler war dem jungen Kaiser Wilhelm II. wohl zu mächtig. Immer wieder gab es Auseinandersetzungen. 1890 veranlasste Wilhelm, dass Bismarck zurücktrat.

Warum wurde Kaiser Wilhelm II. „Säbelrassler“ genannt?

Wilhelm II. (1859–1941) liebte es, kriegerische Reden zu halten und von Deutschlands Größe zu schwärmen. Die deutsche Kriegsflotte galt als „des Kaisers liebstes Kind“. Ab 1897 steckte er viel Geld in ihren raschen Ausbau.

Wie reagierte das Ausland auf Wilhelms kriegerische Töne?

Die anderen Länder fühlten sich mehr und mehr von Deutschland bedroht. In ganz Europa wuchs die Angst, dass das Deutsche Reich einen Krieg anzetteln würde. 1904 schlossen England und Frankreich deshalb ein Bündnis. Auch mit Russland verbündeten sie sich.

Kaiser Wilhelm II. im Gespräch mit Veteranen des Deutsch-Französischen Kriegs von 1870.

Welche Verbündete hatte das Deutsche Reich?

Als wichtigsten Verbündeten hatte es das Kaiserreich Österreich-Ungarn. Doch das war ein schwieriger Partner, der selbst große Probleme hatte: Österreich-Ungarn war ein Vielvölkerstaat, in dem viele der einzelnen Volksgruppen nach Unabhängigkeit strebten. Auch die Türkei und Bulgarien zählten zu den so genannten Mittelmächten.

Welches Ereignis löste den Ersten Weltkrieg aus?

Das war das Attentat von Sarajevo: Am 28. Juni 1914 besuchte der österreichische Thronfolger Franz Ferdinand Sarajevo, die Hauptstadt Bosniens, das 1908 Österreich-Ungarn eingegliedert worden war. Plötzlich stürzte ein serbischer Student hervor und erschoss Franz Ferdinand und seine Frau – ein Attentat auf die Monarchie, mit dem die Verschwörer letztlich die Unabhängigkeit Serbiens von Österreich erreichen wollten.

28 Juni 1914: Ein serbischer Freiheitskämpfer erschießt den österreichischen Thronfolger Franz Ferdinand und seine Frau. Das Attentat ist der Auslöser des Ersten Weltkriegs.

Was passierte nach dem Attentat von Sarajevo?

Österreich erklärte am 28. Juli 1914 Serbien den Krieg – nicht ohne sich vorher die Unterstützung des deutschen Kaisers gesichert zu haben. Serbien war mit Russland verbündet, das darauf hin ebenfalls mobil machte (= seine Truppen aufstellte). Nun erklärte Deutschland Russland und Frankreich den Krieg.

Wenn die Männer mit geschultertem Gewehr in den Krieg auszogen, standen die Menschen am Straßenrand und jubelten ihnen zu.

Warum sprach man von einem „Blitzkrieg"?

Bereits zwei Tage nach der Kriegserklärung an Frankreich marschierten deutsche Truppen in Belgien ein, um gegen Frankreich einen „Blitzkrieg" zu führen, einen Krieg also, bei dem durch eine massive Truppenkonzentration und blitzartige Vorstöße der Gegner besiegt werden sollte. Daraufhin erklärte auch England Deutschland den Krieg.

Der Krieg weitet sich aus

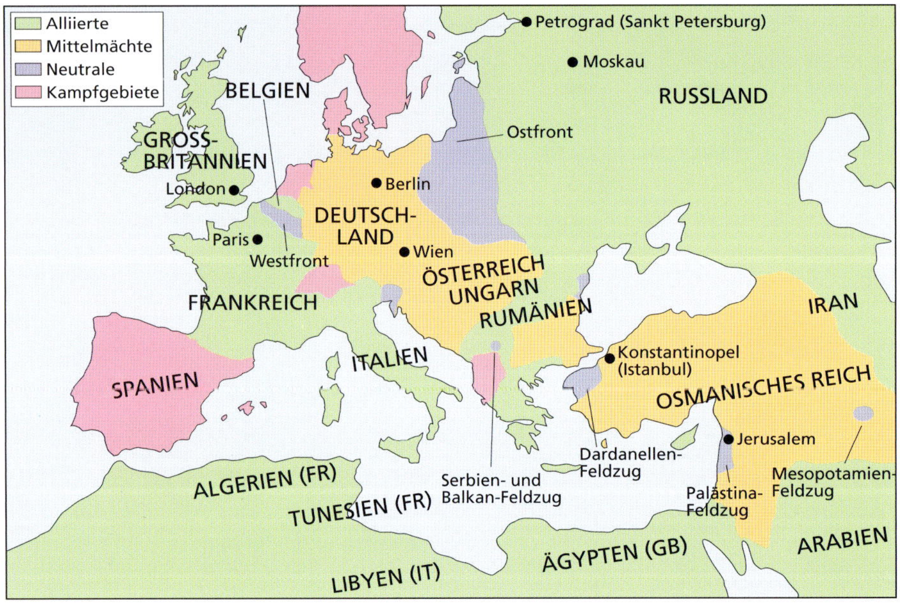

Deutschland und seine Verbündeten (Mittelmächte) waren von den gegnerischen Ländern (Alliierte) eingeschlossen. Deshalb kämpfte Deutschland an zwei Fronten, sowohl im Osten als auch im Westen. Auch in Afrika und im Nahen Osten wurde gekämpft.

Warum traten auch Japan und die Vereinigten Staaten von Amerika in den Krieg ein?

Weil Deutschland es ablehnte, Japan die chinesische Stadt Tsingtau (Teil einer deutschen Kolonie) zu übergeben, erklärte im August 1914 Japan dem Deutschen Reich den Krieg. Die USA folgten am 6. April 1917, weil Deutschland begonnen hatte, sogar Handelsschiffe zu versenken.

Was war der Schlieffenplan?

Der deutsche General Schlieffen hatte seit Jahren den Plan in der Schublade: Mit gewaltigen militärischen Kräften sollte zunächst Frankreich besiegt werden, damit sich die Armee dann ganz auf die Ostfront – den Kampf gegen Russland – konzentrieren konnte.

Weil die Männer an der Front waren, arbeiteten Frauen und Kinder in den Munitionsfabriken.

Wie wurde aus dem Blitzkrieg ein Stellungskrieg?

Schlieffens Plan ging nicht auf. Bald schon gab es im Westen und im Osten erbitterte Stellungskämpfe, bei denen sich die Soldaten in Schützengräben gegenüber lagen. Hunderttausende fanden Tod – für ein paar Quadratkilometer Land.

Mehr als drei Jahre harrten die Soldaten in den Schützengräben aus – so sie denn überlebten.

Mit Sturmpanzerwagen versuchten die deutschen Soldaten im Ersten Weltkrieg, gegnerische Stellungen zu erobern. Im Inneren des „Wotan“ war es unerträglich heiß, und der Motorenlärm war kaum zu ertragen.

Wer waren Hindenburg und Ludendorff?

Generalfeldmarschall Paul von Hindenburg (1847–1934) und General Erich Ludendorff (1865–1937) bildeten ab August 1916 die Oberste Heeresleitung. Die beiden Generäle – und nicht die Regierung – bestimmten weitgehend die Politik des Deutschen Reichs.

Warum sprach man von der „Hölle von Verdun“?

Die deutsche Heeresleitung wollte die Wende an der Westfront erzwingen und die Gegner im wahrsten Sinne des Wortes ausbluten lassen. Von Februar bis Juni 1916 wurde bei der französischen Festung Verdun um jeden Meter Boden gekämpft, ohne dass eine Seite siegen konnte. 364 000 französische und 338 000 deutsche Soldaten starben.

Hast du das gewusst?

Die deutsche Heeresleitung schleuste Lenin im April 1917 heimlich durch Deutschland nach Russland, obwohl sie den Kommunisten hasste. Sie hoffte, er würde dort eine Revolution anzetteln und Russland somit schwächen. Ihr Plan ging auf. Die neuen kommunistischen Machthaber boten den Deutschen am 3. März 1918 den Frieden an und waren zu großen Zugeständnissen bereit: Russland trat riesige Gebiete mit einem Drittel seiner Bevölkerung ab.

Lenin (1870–1924) war der Führer der russischen Kommunisten. Er wurde wegen seines Revolutionsversuchs von 1905 verfolgt und ging ins Exil in die Schweiz. Bei der Oktoberrevolution von 1917 schaffte er es, die Macht zu übernehmen. Er setzte sich dafür ein, mit Deutschland Frieden zu schließen.

Wie endete der Erste Weltkrieg?

Allein etwa 750 000 Zivilisten waren infolge des Krieges in Deutschland an Hunger und Entbehrung gestorben. Viele Politiker und Bürger hatten schon lange ein Ende des Kriegs gefordert. Aber erst Ende September 1918 erklärten die Generäle den Krieg für verloren. Zwei Tage nach dem Ausrufen der Republik (s. nächste Seite), am 11. November 1918, wurde in Compiègne das Waffenstillstands-Abkommen unterzeichnet.

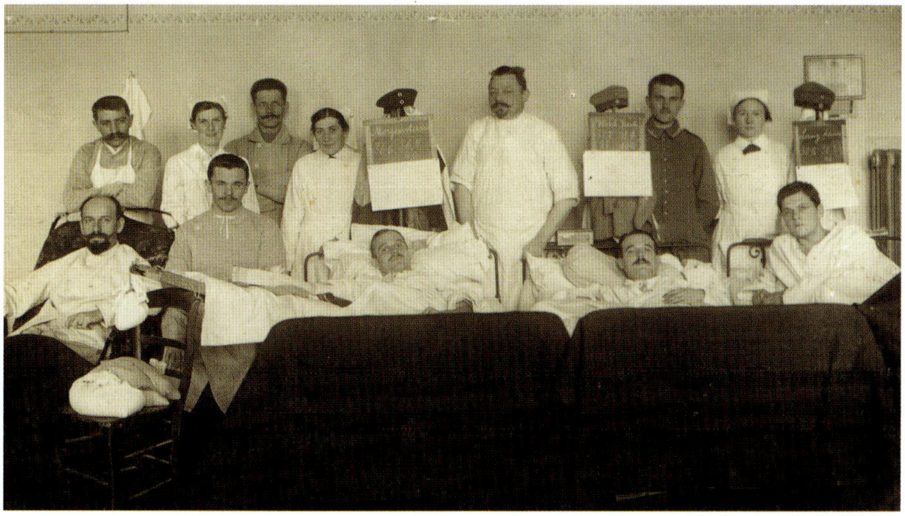

Verwundete Soldaten wurden zunächst in Feldlazaretten nahe der Front versorgt.

Die Novemberrevolution von 1918

Wie kam es zur Novemberrevolution von 1918?

Seit Jahren lag die Hochseeflotte untätig in den deutschen Häfen, der Krieg wurde an Land ausgefochten. Ende Oktober 1918, als der Krieg fast zu Ende war, sollten die Schiffe doch noch gegen England ziehen. Die „Ehre der Marine" sollte gerettet werden. Doch die Matrosen weigerten sich. Im Flottenstützpunkt Wilhelmshaven rissen sie die Macht an sich. Die Meuterei sprang auf andere Häfen und Garnisonen über. Auch in den Fabriken wurde gestreikt. Überall bildeten sich Arbeiter- und Soldatenräte, die den Rücktritt des Kaisers forderten.

Die Meuterei der Marine, die sich weigerte, in einen bereits verlorenen Krieg zu ziehen, führte zur Revolution und zum Sturz des Kaisers.

Was sind Arbeiter- und Soldatenräte?

Die Arbeiter in den Betrieben und die Soldaten in den Kasernen schufen sich Vertretungen, um ihre Forderungen besser durchsetzen zu können – so, wie es in Russland während der Revolution von 1917 geschehen war. Sie forderten „Alle Macht dem Volk!"

Hast du das gewusst?

Die Republik wurde gleich zweimal ausgerufen. Die politischen Gruppen waren sich uneinig, wie das neue Deutschland regiert werden sollte. Die extremen Sozialisten – die Spartakisten – forderten eine Räterepublik wie in der Sowjetunion. Die Sozialdemokraten dagegen wollten keinen völligen Umsturz. Weil keiner dem anderen die Macht überlassen wollte, riefen am 9. November 1918 gleich zwei Männer die Republik aus: der Sozialdemokrat Philipp Scheidemann und der Spartakist Karl Liebknecht. Zwei Tage nach dem Ausrufen der Republik wurde der Erste Weltkrieg offiziell beendet.

Der SPD-Abgeordnete Philipp Scheidemann (1865–1939) rief am Fenster des Berliner Reichstags die Republik aus.

Wie reagierte der Kaiser auf die Unruhen?

Wilhelm II. weigerte sich abzudanken und flüchtete – zuerst in den belgischen Kurort Spa, am 10. November dann ins neutrale Holland.

Auch der Spartakist Karl Liebknecht (1871–1919) rief am 9. November 1918 die Republik aus.

Was geschah am 9. November 1918?

In Berlin gab der Kanzler Max von Baden dem Druck der aufgebrachten Menschen nach. Er verkündete eigenmächtig die Abdankung des Kaisers, trat selbst zurück und ernannte den Vorsitzenden der SPD, Friedrich Ebert, zum Kanzler – obwohl ja eigentlich das Volk über die neue Regierung bestimmen wollte.

Jugend dient dem Führer
ALLE ZEHNJÄHRIGEN IN DIE HJ

Millionen
Reichsbanknote
100 000 MARK
Reichsbankdirektorium
wanzig Millionen Mark
20
STADTNOTGELD
5
MILLIONEN MK
DUISBURG
REICHSBANKNOTE
20000
Zwanzigtausend Mark

Republik und Diktatur

Die Weimarer Republik

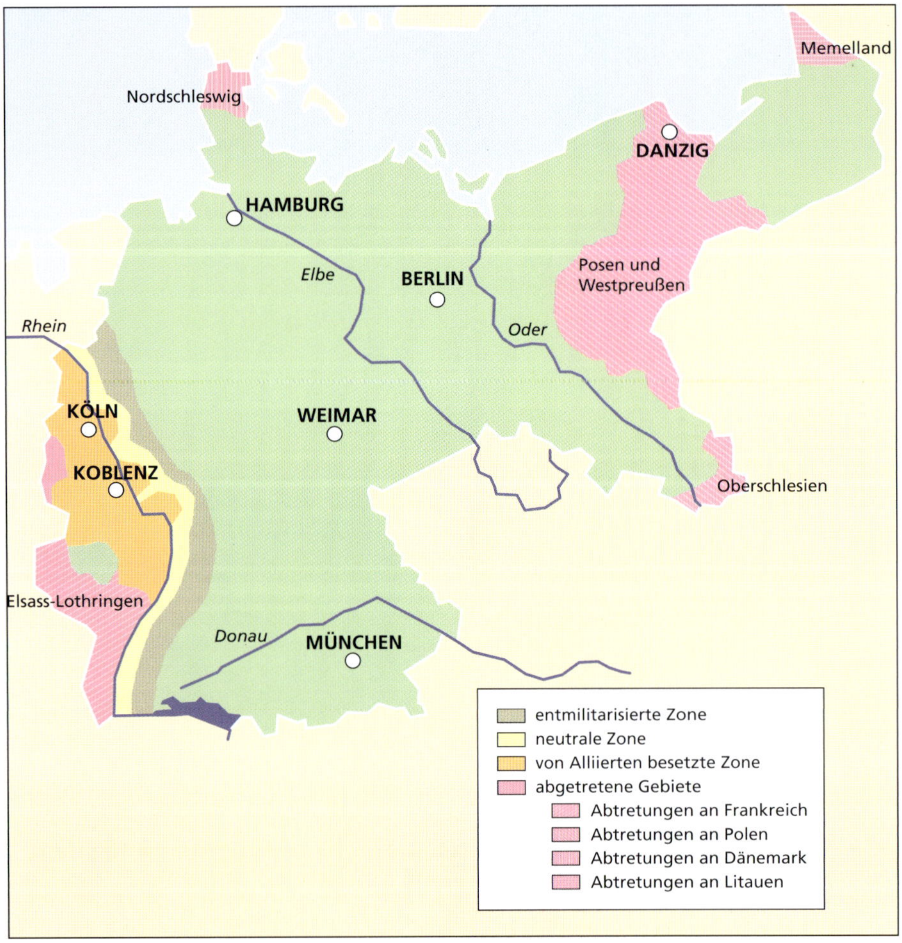

Deutschland musste als Verlierer des Kriegs vor allem Gebiete im Osten und im Westen abtreten. Durch den „Danziger Korridor" war Ostpreußen vom Reich getrennt.

Was war die Weimarer Republik?

So wird das Deutsche Reich in der Zeit von 1919 bis 1933 genannt, also vom Ende der Kaiserzeit bis zur Herrschaft des Nationalsozialismus. Deutschland war nun eine Republik. Die erste Regierung wurde von der SPD, der katholischen Zentrumspartei und der Deutschen Demokratischen Partei gebildet – der so genannten Weimarer Koalition. Erster Reichspräsident war Friedrich Ebert.

Wie entstand der Name Weimarer Republik?

Weil nach der Revolution von 1918 (s. S. 90, 91) in der Hauptstadt Berlin noch immer um die Macht gekämpft wurde, tagte die erste Nationalversammlung der neuen Republik im ruhigeren Weimar.

Friedrich Ebert (1871–1925), der Vorsitzende der SPD, wurde 1919 erster Reichspräsident.

Was war das Fortschrittliche an der neuen Verfassung?

Das Dreiklassenwahlrecht, das die Reichen begünstigte, wurde abgeschafft. Endlich gab es das gleiche Wahlrecht für alle Bürger – auch für Frauen. Die Regierung war an das Vertrauen des Reichstags gebunden.

Im Theater von Weimar trafen sich am 6. Februar 1919 die Politiker zur ersten Nationalversammlung nach dem Untergang des Kaiserreichs.

Was ist der Versailler Vertrag?

Die Siegermächte des Ersten Weltkriegs legten in Versailles die Friedensbedingungen fest. Am 26. Juni 1919 unterzeichneten Politiker der SPD und des Zentrums den Vertrag. Deutschland musste die Gebiete abtreten, in denen es die meisten Rohstoffe hatte; dazu noch große Teile von Posen und Westpreußen, wodurch das Land in zwei Teile getrennt wurde. Außerdem verlor es seine Kolonien. Das Rheinland wurde von französischen und britischen Truppen besetzt. Weil Deutschland und seinen Verbündeten die alleinige Schuld am Ausbruch des Krieges gegeben wurde, sollten sie auch die großen Schäden, die durch den Krieg entstanden waren, allein begleichen.

Als gewaltsam aufgedrückten Frieden, als Schande und Schmach empfanden viele Deutsche den Versailler Vertrag.

Was war zunächst das größte Problem der Regierung?

Deutschland hatte den Ersten Weltkrieg verloren. Es musste die Bedingungen der Siegermächte akzeptieren, wie sie im Versailler Vertrag festgeschrieben waren. Dadurch sah sich das Land nicht nur großen wirtschaftlichen Belastungen ausgesetzt, sondern es gab auch vielfältige Konflikte zwischen den einzelnen Parteien. Viele Politiker und Bürger wollten sich keineswegs damit abfinden, dass Deutschland besiegt worden war.

Was ist die Dolchstoßlegende?

Generalfeldmarschall Paul von Hindenburg und bald auch große Teile des Volkes behaupteten, Deutschland hätte den Krieg verloren, weil es durch die Novemberrevolution von 1918 einen „Dolchstoß von hinten", aus der Heimat also, erhalten hätte. „Im Felde unbesiegt", aber von den Sozialdemokraten „erdolcht" – so beschrieb er die letzten Kriegsmonate. Die Linken wurden „Vaterlandsverräter" genannt, die dem Volk nun auch noch die „Schmach von Versailles" antaten.

Mit dieser Illustration des „Dolchstoßes" traten die Deutschnationalen 1924 zur Wahl an. Viele enttäuschte Menschen nahmen ihnen die Lüge ab, dass die „Roten" den „im Felde unbesiegten" Soldaten in den Rücken gefallen seien.

Kämpfe um die Republik

Warum gab es so viele blutige Kämpfe um die neue Republik?

Weil sowohl die extrem Linken (die Spartakisten) als auch die extrem Rechten mit der neuen Republik unzufrieden waren. Den Linken war die Revolution nicht weit genug gegangen; die Rechten hassten die Republik und wollten den Kaiser wiederhaben. Von 1918 bis 1921 gab es 376 politische Morde, die meisten der Opfer waren Kommunisten und Sozialisten.

Wer waren die Spartakisten?

Das waren Kommunisten, die sich unter Führung von Rosa Luxemburg und Karl Liebknecht (s. S. 91) von der SPD abgespalten hatten. Sie wollten eine Räterepublik wie in der Sowjetunion. Am 1. Januar 1919 gründeten sie die KPD.

Warum wurden Rosa Luxemburg und Karl Liebknecht ermordet?

Im Januar 1919 versuchten die Spartakisten, die Regierung zu stürzen. Der Aufstand scheiterte. Rosa Luxemburg und Karl Liebknecht, die beiden Anführer, wurden verhaftet und beim Transport ins Gefängnis ermordet. Ihre Mörder waren Männer eines Freikorps.

Rosa Luxemburg (1871–1919) war eine polnische Sozialistin, die in Berlin lebte. Sie gründete 1919 zusammen mit Karl Liebknecht die Kommunistische Partei Deutschlands.

Im Januar 1919 versuchten Mitglieder des Spartakusbundes, die Macht zu ergreifen. Sie waren allerdings schlecht bewaffnet und hatten keine Chance gegen die Soldaten des Freikorps, die den Aufstand niederschlugen.

Was waren die Freikorps?

Das waren ehemalige Offiziere und Soldaten, die sich nicht damit abgefunden hatten, dass Deutschland den Krieg verloren hatte. Aus diesem Grund wollten sie ihre Waffen nicht abgeben. Die Freikorps wurden von der Heeresleitung eingesetzt, um kommunistische Aufstände niederzuschlagen.

Die Männer des Kapp-Putsches hissten die kaiserliche Kriegsflagge, die bis 1919 die Fahne des Deutschen Reiches gewesen war.

Was war der Kapp-Putsch?

Die Freikorps wurden immer unkontrollierbarer und die Regierung wollte sie auflösen. Am 13. März 1920 besetzten Mitglieder der Freikorps und andere gewaltbereite Rechte das Berliner Regierungsviertel. Ihr Anführer Wolfgang Kapp wurde zum Reichskanzler ausgerufen. Doch die meisten Deutschen wollten von diesen rechtsextremen Kämpfern nichts wissen und der von der SPD eingeleitete Generalstreik zwang die Putschisten nach vier Tagen zur Aufgabe.

Zu den Opfern rechtsextremer Gewalt gehörte auch Außenminister Walter Rathenau (1867–1922). Er wurde in seinem Auto von Angehörigen einer rechtsradikalen Geheimorganisation ermordet.

Stimmt es, dass Adolf Hitler schon 1923 einen Putsch versuchte?

Ja, in Bayern hatte sich die Nationalsozialistische Deutsche Arbeiterpartei unter ihrem Führer Adolf Hitler bereits einen Namen gemacht. Am 8. und 9. November 1923 zogen Hitler und seine Männer, gemeinsam mit dem ehemaligen General Ludendorff nach Berlin, um die Regierung zu stürzen. Hitler wurde verhaftet, doch nach wenigen Monaten wieder freigelassen. Später warf man den Politikern und Richtern der Weimarer Republik vor, mit den Rechtsradikalen viel milder umgegangen zu sein als mit den Kommunisten.

Die Inflation

Was versteht man unter Inflation?

Das bedeutet, dass die Preise deutlich steigen und das Geld immer weniger wert ist.

Während der Inflation des Jahres 1923 konnte das Geld nicht so schnell gedruckt werden, wie es an Wert verlor. Schließlich überstempelte man die alten Scheine einfach.

Wie kam es zu der großen Inflation in der Weimarer Republik?

Deutschland brauchte Geld, um die Kriegsentschädigungen an die Siegermächte zu bezahlen. Außerdem mussten all die Familien ohne Väter, die Flüchtlinge und Verwundeten unterstützt werden. So ließ die Regierung immer mehr Geld drucken – das von Tag zu Tag wertloser wurde.

Warum verstärkte die Inflation den Gegensatz zwischen Arm und Reich?

Wer keine Sachwerte hatte, war plötzlich bitterarm. Manche Unternehmer dagegen wurden schwer reich. Sie liehen sich beim Staat Geld, kauften sich davon Land und Maschinen, und bezahlten ihre Schulden später mit den wertlos gewordenen Millionen zurück.

Stimmt das?

Ein Brot kostete Ende 1923 400 Milliarden Reichsmark.

Ja, 1919 kostete ein Brot noch 70 Pfennig, 1921 dann 3,90 Mark. Schließlich ging es unfassbar rasant: Im Juli 1923 musste man 4000 Mark für ein Brot bezahlen, Ende des Jahres 400 Milliarden! Für einen US-Dollar zahlte man unglaubliche 4,2 Billionen Mark.

Was war der Ruhrstreik?

Weil Deutschland seine Entschädigung an Frankreich nicht rechtzeitig lieferte, besetzten französische Truppen am 11. Januar 1923 das Ruhrgebiet. Die Deutschen waren empört und die Regierung rief das Ruhrgebiet zum Streik gegen die Franzosen auf. Die streikenden Arbeiter mussten jedoch unterstützt werden. Die Löhne von etwa zwei Millionen Arbeitern übernahm der Staat, was die Inflation vorantrieb.

Was ist der Vertrag von Rapallo?

Am 16. April 1922 schlossen Deutschland und Russland im italienischen Rapallo einen Vertrag, durch den sich die beiden verfeindeten Länder einander annäherten: Die Sowjetunion erließ Deutschland seine Kriegsschulden.

Durch die neue Rentenmark war die wertlose Reichsmark nur noch als Spielzeug zu gebrauchen.

Wie bekam Deutschland die Inflation in den Griff?

Nach Ende des Ruhrstreiks schuf die Regierung eine Übergangswährung: die Rentenmark. Sie war die Vorraussetzung dafür, dass die Siegermächte noch einmal neu über die Zahlung der Reparationen (Entschädigungen) verhandelten und den Dawes-Plan entwickelten.

Vor der Reichsbank in Berlin standen die Menschen Schlange, um sich die frisch gedruckten Banknoten zu holen, ehe sie wieder an Wert verloren.

Was war der Dawes-Plan?

Der US-Finanzexperten Charles Dawes entwickelte Anfang 1924 einen Plan, wie Deutschland seine Schulden bezahlen konnte. Außerdem lieh man Deutschland 800 Millionen Reichsmark. Als dann im Oktober 1924 die neue Reichsmark eingeführt wurde, ging es bergauf.

Die „Goldenen Zwanziger“

Was versteht man unter den „Goldenen Zwanzigern“?

Das waren die Jahre von 1924 bis 1929, in denen es den Deutschen nach all dem Leid der Kriegs- und Nachkriegszeit wieder besser ging. Vor allem in den Großstädten stürzte man sich voller Lebenshunger auf alles Neue: Jazz und Charleston aus Amerika, Kino, Theater und glanzvolle Revuen. Das Leben war moderner, amerikanischer geworden. Die steife Kaiserzeit war endgültig vorbei.

In den Großstädten, allen voran Berlin, blühte das Nachtleben in den Bars und Varietees.

Gustav Stresemann (1878–1929) war während der schlimmsten Inflationsmonate, von August bis November 1923, Reichskanzler. Danach war er Außenminister und setzte sich sehr für die deutsch-französische Annäherung ein.

Wie kam es zu dem plötzlichen Aufschwung?

Durch die Kredite aus den USA (s. S. 99) konnte wieder mehr produziert und gekauft werden. Auch für neue Straßen, für Schulen, Sportplätze, Kinder- und Ferienheime war jetzt Geld da.

Welche technischen Erfolge feierten die Deutschen?

Im Oktober 1924 überflog mit dem Zeppelin LZ 126 zum ersten Mal ein Luftschiff den Atlantik. Auch der Rekord, den der Luxusdampfer „Bremen“ im Juni 1929 aufstellte, wurde viel bejubelt: In nur vier Tagen und 18 Stunden hatte das Schiff den Atlantik überquert.

Der Luxusdampfer „Bremen“ schaffte einen neuen Rekord in der Atlantiküberquerung. Er startete am 16. Juni 1929 in Bremen und kam nach vier Tagen, 18 Stunden und 17 Minuten in New York an.

Hast du das gewusst?

Die Firma Opel führte 1924 als erste in Europa die Fließbandproduktion von Autos ein.

Waren die Zeiten wirklich „golden“?

Nein, viele Menschen waren nach wie vor arbeitslos und lebten in großer Armut. Über den Weg, den Deutschland politisch einschlagen sollte, gab es keine Einigung. So bildeten sich viele kleine Splitterparteien und bei den Wahlen und im Parlament herrschte Chaos. Anstatt an einem Strang zu ziehen, bekämpften sich die Parteien untereinander. Radikale Parteien wie Hitlers Nationalsozialistische Deutsche Arbeiterpartei (NSDAP) bekamen immer mehr Zulauf (s. S. 102).

Moderne Zeiten: Wenn ein Zeppelin am Himmel auftauchte, standen die Menschen staunend auf der Straße.

Welche Fortschritte gab es in der Friedenspolitik?

Außenminister Gustav Stresemann (1878–1929) bekam zusammen mit seinem französischen Kollegen Aristide Briand 1926 den Friedensnobelpreis. Er hatte es geschafft, Deutschland und Frankreich einander näher zu bringen. Ihm gelang es auch, dass Deutschland 1926 in den Völkerbund aufgenommen wurde, den Vorläufer der UNO.

Fritz Langs Stummfilm „Metropolis“ aus dem Jahr 1927 war mit seinen ausdrucksstarken Großstadtbildern eine Sensation.

Wieso endeten die Goldenen Zwanziger so plötzlich?

Der Aufschwung der Wirtschaft stand auf sehr wackeligen Füßen: Er war vollkommen abhängig von dem geliehenen Geld aus den USA. Als es dort, am so genannten Schwarzen Freitag, dem 25. Oktober 1929, zum großen Börsenkrach kam, stürzte auch Deutschland in eine schwere Krise. Etwa ein Jahr später gab es in Deutschland 4 Millionen Arbeitslose, unzählige Menschen hatten zudem ihre Ersparnisse verloren.

Für Millionen Deutsche waren die Zeiten nicht golden: Sie waren auf die Einrichtungen für Arme und Arbeitslose angewiesen, um sich eine warme Mahlzeit zu holen.

Das Dritte Reich

Wann begann der Aufstieg der Nationalsozialisten?

Im Juli 1921 wurde der Österreicher Adolf Hitler (1889–1945) Vorsitzender der Nationalsozialistischen Deutschen Arbeiterpartei (NSDAP). Er machte die Partei vor allem in Bayern beliebt. Im Juli 1932 wurde die NSDAP dann zur stärksten Partei im deutschen Reichstag gewählt. Eine Mehrheit hatten die Nazis zwar nicht, doch Reichspräsident Paul von Hindenburg ernannte Hitler am 30. Januar 1933 trotzdem zum Kanzler.

Was waren Hitlers Ideen?

Hitlers Erklärung für die Wirtschaftskrise war einfach: Die Kommunisten und – wie schon im Mittelalter – die Juden waren an allem Schuld. Erst wenn Deutschland von ihnen befreit wäre, würde es bergauf gehen. In dem Buch „Mein Kampf" (1925/26) beschrieb er seine Pläne: die Ausrottung „minderwertiger Rassen", die Vernichtung des Kommunismus, die Eroberung von „Lebensraum im Osten für das deutsche Herrenvolk."

Adolf Hitler (1889–1945) salutiert auf dem Reichsparteitag der NSDAP 1938 in Nürnberg mit gestrecktem Arm. Das zackige „Heil Hitler!" wurde zur Pflicht. Wer sich weigerte, so zu grüßen, machte sich verdächtig.

Wodurch wurde der Aufstieg Adolf Hitlers möglich?

In Deutschland regierte die Not. Millionen Menschen waren ohne Arbeit und ohne Hoffnung. Jemand wie Adolf Hitler, der die Lösung aller Probleme versprach, fand schnell begeisterte Zuhörer. Auch wünschten sich viele Bürger nach dem Parteiengezank der zwanziger Jahre einen zupackenden Mann an der Spitze der Politik. Und die Rechten glaubten, dass Hitler und seine Partei nützlich sein könnten, die Kommunisten zu verjagen.

Hast du das gewusst?

Auch viele Jugendliche waren vom Nationalsozialismus begeistert. So genannte „völkische" Jugendgruppen verabscheuten alles Nichtdeutsche. Sie warfen den Politikern vor, Deutschland an die Amerikaner und Franzosen verkauft zu haben. Sie hofften auf einen starken Mann, der die „feigen Alten" verjagen würde, um Deutschlands Ehre zu retten.

Mit einem Fackelzug feierte die NSDAP den Tag ihrer Machtübernahme am 30. Januar 1933. Mit ihren groß inszenierten Aufmärschen beeindruckten sie viele Menschen.

Als preußischer Innenminister, oberster Führer der SA („Sturmabteilung", eine Kampftruppe der Nazis) und Oberbefehlshaber der Luftwaffe war Hermann Göring (1893–1946) einer der mächtigsten Männer des Dritten Reichs.

Wann begannen die Nazis mit ihrer Diktatur?

Wenige Wochen nachdem Hitler Kanzler wurde: Als am 27. Februar 1933 der Reichstag in Brand gesteckt wurde, nahmen sie dies zum Anlass, die Kommunisten zu verfolgen und die Grundrechte aller Menschen außer Kraft zu setzen. Kurz darauf stimmte das Parlament seiner eigenen Entmachtung zu: Die Regierung konnte jetzt am Parlament vorbei Gesetze verabschieden. Schließlich mussten sich die Parteien auflösen oder sie wurden, wie auch die Gewerkschaften, verboten. Alle Vereine mussten sich dem Nationalsozialismus unterordnen (Gleichschaltung). Wer protestierte, wurde verhaftet.

Weshalb nannte sich Nazi-Deutschland „Drittes Reich"?

Dieser Name sollte den Eindruck erwecken, dass das nationalsozialistische Deutschland an das Heilige Römische Reich Deutscher Nation und an das Kaiserreich anknüpfe.

Am 27. Februar 1933 brannte das Reichstagsgebäude. Es konnte nie zweifelsfrei bewiesen werden, dass der Brandstifter Marinus van der Lubbe Kontakt zu Kommunisten hatte. Dennoch war dies der Auftakt zur massiven Verfolgung von Kommunisten und dem Verbot der KPD.

Terror und Widerstand

Am 10. Mai 1933 wurden in den deutschen Universitätsstädten Bücher von Autoren verbrannt, die die Nationalsozialisten für „undeutsch" hielten.

Was waren SA, SS und Gestapo?

SA und SS („Sturmabteilung" und „Schutzstaffel") waren die Kampftruppen der Nationalsozialisten. Mit großer Brutalität verfolgten sie alle, die sich dem Regime entgegenstellten. Die Gestapo war die Geheime Staatspolizei, die überall im Land ihre Spitzel hatte. Wer Kritik äußerte, kam ins Gefängnis oder in Lager, so genannte Konzentrationslager.

Wie kam es zu den Bücherverbrennungen?

Am 10. Mai 1933 verbrannten die Nazis öffentlich Bücher, die sie als „unmoralisch und zersetzend" ansahen, u. a. Werke von Heinrich Mann, Heinrich Heine, Erich Kästner und Kurt Tucholsky. Linke, jüdische oder wirklich moderne Künstler galten als „entartet" und durften nicht mehr arbeiten. Etliche flüchteten ins Ausland oder begingen Selbstmord.

Mit einem „arischen" blonden Jungen wurde für die Hitlerjugend geworben. Ab 1936 mussten alle Jugendlichen zwischen 10 und 18 Jahren der HJ beitreten.

Stimmt das?

Hitler ließ die gesamte SA-Führung ermorden.

Ja, weil ihm die SA zu mächtig geworden war, ließ er ihre Anführer am 30. Juni 1933 ermorden. Ein angeblicher Putschversuch des SA-Chefs Ernst Röhm diente ihm als Anlass.

Oskar Schindler (1908–1974) leitete ab 1939 eine Emaille-Fabrik in Krakau. Zunächst nutzte er jüdische Zwangsarbeiter als billige Arbeitskräfte aus. Doch nach und nach wurde er zu ihrem Freund und Retter. Es gelang ihm, 1200 Menschen vor dem Tod zu bewahren.

Oberst Claus Schenk Graf von Stauffenberg (1907–1944) gehörte zu den Mitgliedern des Militärs, die Deutschland von Hitler befreien wollten. Nach dem gescheiterten Attentat vom 20. Juli 1944 wurde er erschossen.

Warum hatten die Nazis trotz ihres Terrors viele Anhänger?

Für viele wehte ein „frischer Wind" durch Deutschland: Die Nazis schufen Arbeitsplätze in der Rüstungsindustrie und beim Bau der neuen Autobahn – was allerdings schon Vorbereitungen für den Krieg waren. Es gab die sehr beliebten Unternehmungen mit der Hitlerjugend und der Organisation KdF (Kraft durch Freude), große Aufmärsche, dazu noch die Olympischen Spiele in Berlin 1936. Den Größenwahnsinn Hitlers verstanden viele als echte Größe, wodurch Deutschland nach dem verlorenen Krieg wieder zu Ruhm und Ehre gelangen sollte.

Was bedeutete die Gleichschaltung der Medien?

Die Zeitungen und der Rundfunk brachten nur Meldungen, die den Nationalsozialismus verherrlichten, die Juden verunglimpften und einen kommenden Krieg schönredeten. Für diese Aufgaben wurde eigens das „Reichsministerium für Volksaufklärung und Propaganda" eingerichtet; geleitet wurde es von Joseph Goebbels.

Gab es keinen Widerstand gegen die Nazis?

Doch, es gab Widerstand. Viele Kommunisten, Sozialisten, Gewerkschafter, Christen oder andere aufrechte Menschen arbeiteten heimlich gegen die Nazis. Tausende wurden verhaftet und gefoltert. Insgesamt starben während der NS-Zeit 120 00 Widerständler. So auch Oberst Claus Schenk von Stauffenberg (1907–1944), dessen Attentat auf Hitler am 20. Juli 1944 misslang.

Sophie und Hans Scholl (links) und Christoph Probst gründeten die Widerstandsgruppe „Weiße Rose" in München. Sie wurden vom Hausmeister der Universität verraten, als sie Flugblätter verteilten. Am 22. Februar 1943 wurden sie hingerichtet.

Was war die Weiße Rose?

Eine studentische Widerstandsgruppe um die Geschwister Sophie und Hans Scholl in München; sechs der Mitglieder wurden 1943 hingerichtet.

Bei dem Attentat von Stauffenberg wurde die Baracke im Führerhauptquartier zerstört. Hitler überlebte, weil jemand die Tasche mit der Zeitbombe zufällig zur Seite gestellt hatte.

Die Vernichtung der Juden

Wann begann der systematische Terror gegen die Juden?

Wenige Monate nach der Machtübernahme, am 1. April 1933, ordnete Joseph Goebbels den Boykott jüdischer Geschäfte, Banken, Ärzte und Rechtsanwälte an.

Ab 1941 mussten sich alle Juden durch einen gelben Stern auf der Kleidung kenntlich machen.

Der Boykott jüdischer Geschäfte wurde als „Notwehr“ ausgegeben. Angeblich griffen die jüdischen Kapitalisten nach der Weltherrschaft.

Was waren die „Nürnberger Gesetze“?

Auf dem Parteitag am 15. September 1935 in Nürnberg wurden zwei Gesetze erlassen: Das „Gesetz zum Schutz des deutschen Blutes“ verbot unter Androhung von Zuchthaus, dass Menschen jüdischer Abstammung sich mit Partnern „deutschen Blutes“ verbanden. Durch das „Reichsbürgergesetz“ wurden Juden etliche Rechte genommen. Viele durften ihre Berufe nicht mehr ausüben. Jüdische Kinder mussten die Schulen verlassen.

Nach der Reichspogromnacht standen die Menschen vor den zerstörten Schaufenstern jüdischer Geschäfte. Manch einer begriff erst jetzt, dass die Nazis es todernst meinten mit der Judenverfolgung.

Was geschah in der Reichspogromnacht?

In der Nacht vom 9. zum 10. November 1938 wurde die Gewalt gegen Juden offensichtlich. Jüdische Häuser, Geschäfte und Synagogen wurden geplündert und zerstört. 91 Menschen wurden ermordet, über 26 000 von der Gestapo verhaftet und in Konzentrationslager verschleppt, wo sie misshandelt wurden.

Verließen viele deutsche Juden das Land?

Viele Juden erkannten, dass die Schikanen erst der Anfang der Verfolgung waren. Sie verließen Deutschland. Bis Anfang November 1938 waren etwa 170 000 Menschen ausgewandert, etwa ein Drittel der jüdischen Bevölkerung. Nach der Reichspogromnacht verließen noch einmal 80 000 Juden das Land, doch die Ausreise wurde immer schwieriger und gefährlicher. Wer blieb, musste seine Geschäfte in „arische Hände" geben.

Ab März 1933 begannen die Nationalsozialisten mit dem Bau von Konzentrationslagern. Nachdem Hermann Göring 1941 die „Endlösung der Judenfrage" befahl, entstanden zusätzliche Vernichtungslager.

Was bedeutet der Begriff Holocaust?

Das Wort kommt aus dem Griechischen und bedeutet in etwa „Brandopfer". Damit wird die systematische Ermordung der Juden bezeichnet, die ab 1939 unter der Führung von Heinrich Himmler und Hans Frank einsetzte. Die polnischen Juden wurden zu Hunderttausenden in Gettos (abgeschlossene Bezirke) eingepfercht, später dann durch Mordkommandos erschossen oder in Lager gebracht. Auch die Juden in Deutschland und in den anderen eroberten Ländern wurden in Konzentrations- und Vernichtungslager abtransportiert, wo sie gequält und ermordet wurden. Allein im KZ Auschwitz wurden pro Tag 5000 bis 6000 Menschen durch Gas getötet. Insgesamt wurden bis 1945 etwa sechs Millionen Juden ermordet. Auch Linke, Homosexuelle und Menschen, die die Nationalsozialisten bekämpften, starben in den Lagern.

2005 wurde in Berlin das Holocaust-Mahnmal eingeweiht. Es dient dem Gedenken der jüdischen Opfer des Nationalsozialismus. Entworfen wurde es vom New Yorker Architekten Peter Eisenman.

Wer war Anne Frank?

Das jüdische Mädchen Anne Frank (1929–1945) verließ 1933 mit ihrer Familie Frankfurt. Ab 1940 versteckten sie sich in Amsterdam, bis die Nazis sie 1944 entdeckten und ins KZ Bergen-Belsen brachten, wo Anne ermordet wurde. Ihr Tagebuch aus jener Zeit bewegt seit 60 Jahren die Menschen.

Das Tagebuch der Anne Frank wurde 1946 veröffentlicht.

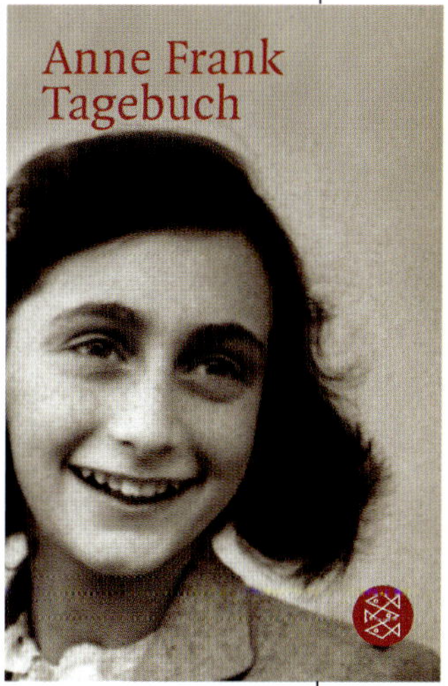

Der Zweite Weltkrieg

Beinahe kampflos zogen die deutschen Soldaten am 14. Juni 1940 in die französische Hauptstadt ein. Triumphierend marschierten sie über die Champs-Elysées, die Prachtstraße von Paris.

Eignete sich Deutschland schon vor dem Krieg andere Länder an?

Ja, im März 1936 rückten Truppen in Österreich ein, um es „heim ins Reich" zu holen. 1938/39 wurden das tschechische Sudetenland sowie Böhmen und Mähren dem Reich einverleibt.

Wie begann der Zweite Weltkrieg?

Am 1. September 1939 überfielen deutsche Truppen Polen. Daraufhin erklärten Frankreich und England Deutschland den Krieg.

Wie hier in Polen hinterließ die deutsche Wehrmacht überall in Europa zerstörte Städte.

Welche Länder konnten den deutschen Angriffen widerstehen?

Die Eroberung Englands gelang den Deutschen nicht; im Frühjahr 1941 wurde der monatelange Luftkrieg beendet. Auch der Afrikafeldzug unter General Rommel misslang (Februar 1941 bis März 1943). Die größte Niederlage brachte der Feldzug gegen die Sowjetunion, der von Juni 1941 bis Februar 1943 dauerte.

Was waren die Blitzkriege?

Nach Polen wurden im April und Mai 1940 Dänemark, Norwegen, Holland, Belgien, Luxemburg und Frankreich besetzt. Der Einzug der deutschen Truppen in Paris wurde als großer Triumph gefeiert. Im April 1941 wurden dann auch noch Griechenland und Jugoslawien überfallen.

Alle Männer zwischen 16 und 60 Jahren mussten ab September 1944 zum „Volkssturm". Sie wurden mit Panzerfäusten ausgestattet, um die anrückenden Panzer abzuwehren.

Warum spricht man von einem Weltkrieg?

Der Krieg wurde nicht nur in Europa, Nordafrika und der Sowjetunion geführt, sondern auch im Pazifik. Am 7. Dezember 1941 griffen die mit Deutschland verbündeten Japaner den amerikanischen Marinestützpunkt Pearl Harbor an; anschließend erklärte Hitler den USA den Krieg.

Wann begann die Bombardierung deutscher Städte?

Im Mai 1942 begannen die Alliierten (die gegen Deutschland Verbündeten) mit massiven Luftangriffen. Fast eine halbe Million Deutsche kam bis 1945 ums Leben, fast alle Großstädte und viele kleine Orte wurden in Schutt und Asche gelegt.

Deutsche Bomber flogen monatelang Angriffe auf England. Viele Städte wurden zerstört, doch eine Eroberung des Landes gelang trotzdem nicht.

Was war die Schlacht bei Stalingrad?

Die Schlacht beim russischen Stalingrad Anfang 1943 brachte die entscheidende Wende des Krieges im Osten. Danach begann der Rückzug der deutschen Truppen und der Vormarsch der Roten Armee gen Westen. Die Schlacht kostete Hunderttausende deutscher, rumänischer und russischer Soldaten das Leben.

Für den harten russischen Winter waren die deutschen Soldaten nicht richtig ausgerüstet. Sie starben nicht nur an Kriegsverletzungen, sondern auch an Kälte und Hunger.

Der Zusammenbruch des Dritten Reichs

Wie endete der Zweite Weltkrieg?

Mit der Landung amerikanischer und englischer Truppen in der Normandie im Juni 1944 begann die letzte Phase des Krieges. Nun marschierten von Westen und Osten Armeen auf Deutschland zu. Als Hitler erkannte, dass der Krieg verloren war, beging er Selbstmord. Wenige Tage später, am 8. Mai 1945, kapitulierte die deutsche Wehrmacht. In Asien endete der Krieg mit der Kapitulation Japans im September 1945.

Im Mai 1945 wurden die Überlebenden aus den Konzentrationslagern befreit. Die alliierten Soldaten waren entsetzt über das Ausmaß des Schreckens, das sie in Auschwitz, Bergen-Belsen und anderen Lagern vorfanden.

Wie sah die schreckliche Bilanz nach dem Ende des Krieges aus?

Die Zahl der Toten, über die während der NS-Zeit geschwiegen wurde, ist erschütternd: In der Sowjetunion hatten 20 Millionen Menschen ihr Leben durch den Krieg verloren, in Polen gab es 6 Millionen Tote, in Deutschland mehr als 5 Millionen. Weltweit starben rund 50 Millionen Menschen. 6 Millionen Juden waren seit 1933 ermordet worden. 10 Millionen Menschen waren nach Deutschland als „Zwangsarbeiter" verschleppt worden. Hunderttausende Deutsche wurden von den Sowjets in die UdSSR verschleppt.

Wurden die Nazis für ihre Verbrechen bestraft?

Am 20. November 1945 begannen in Nürnberg die Kriegsverbrecherprozesse. In ihnen wurden 22 Hauptangeklagte der NSDAP verurteilt, zwölf zum Tode. Nicht verurteilt wurden die Angehörigen der Wehrmacht, die ehemaligen Mitglieder der SA sowie viele Regierungsmitglieder. Im In- und Ausland beklagte man, dass die „Entnazifizierung" nur halbherzig vollzogen wurde. Vor allem in der britischen Besatzungszone wurden viele Beamte des Dritten Reichs weiter beschäftigt. Zahlreichen Nazis gelang es nach dem Krieg, wichtige Positionen in Politik und Wirtschaft zu besetzen.

Überall in Europa findet man schlichte Grabkreuze, die an die gefallenen Soldaten erinnern.

Konferenz der Siegermächte: Der englische Premier Winston Churchill, der amerikanische Präsident Harry S. Truman und der sowjetische Staatschef Josef Stalin berieten in Potsdam über Deutschlands Zukunft.

Warum kamen so viele Menschen in den Westen Deutschlands?

Seit Ende 1944 waren die Deutschen aus den Ostgebieten vor der sowjetischen Armee geflohen oder vertrieben worden. Sie fürchteten die Rache der Soldaten. Nach Kriegsende wurden aufgrund der Konferenz von Potsdam weitere Millionen umgesiedelt. Mehr als 12 Millionen Deutsche suchten deshalb eine neue Heimat. Die meisten siedelten sich im stark zerstörten Westen an.

Mit nur wenigen Habseligkeiten als Gepäck flohen Millionen Deutsche vor der Roten Armee Richtung Westen. Sie fürchteten die Rache der sowjetischen Soldaten.

Welche Schritte unternahmen die Siegermächte?

Schon vor Kriegsende, im Februar 1945, beschlossen die USA, Großbritannien und die Sowjetunion auf Jalta die Teilung Deutschlands in Besatzungszonen. Im Juli und August 1945 berieten die drei Siegermächte in Potsdam erneut über Deutschlands Zukunft. Auch Frankreich sollte nun eine Besatzungszone bekommen. Außerdem wurde die Umsiedlung „deutscher Bevölkerungsteile" aus Polen, Ungarn und der Tschechoslowakei beschlossen. Im August 1945 gründeten die vier Besatzungsmächte einen „Alliierten Kontrollrat", der über alle Fragen, die ganz Deutschland betrafen, entscheiden sollte.

In den Ruinen wurden Suchmeldungen mit Kreide hinterlassen. Oftmals erfuhren so die Überlebenden, wo ihre Angehörigen geblieben waren.

FDJ

Emma
Zeitschrift für Frauen von Frauen
Alice Schwarzer über Männerjustiz

GESEILSCHAFT
FRANZI
MARKUS + BRENDA
MARTIN & CO
HANS + JULIE
DDR
DAVID89
TAG
MAUERWEG!

Deutschland nach 1945

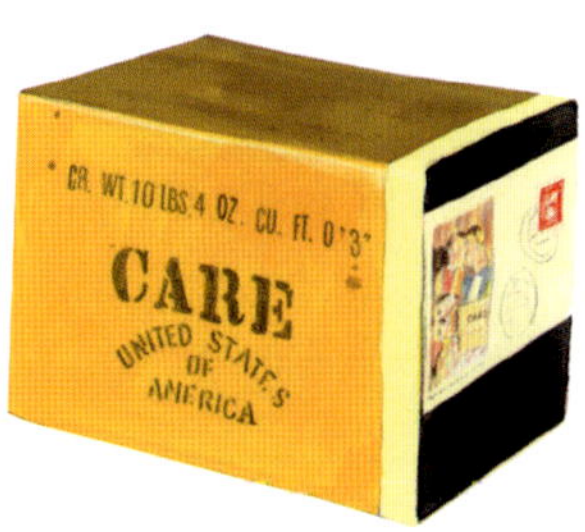

Der Weg zur Teilung Deutschlands

Was war der erste Schritt zur Zweiteilung Deutschlands?

Weil sich die Westmächte und die Sowjetunion nicht einigen konnten, beschlossen sie auf der Konferenz von Potsdam, dass jede Besatzungsmacht in ihrer Zone selbst bestimmen sollte, welche Entschädigungen die Deutschen zu leisten hatten. In der Folge zerbrach die Einheit der deutschen Wirtschaft und bald darauf auch die politische Einheit.

Deutschland und Österreich wurden unter den Alliierten aufgeteilt.

Die „Trümmerfrauen" bauten das Land wieder auf. Gleichzeitig suchten sie in den zerstörten Häusern nach brauchbaren Überresten und nach Heizmaterial.

Hast du das gewusst?

Die Frauen leisteten einen Großteil des Wiederaufbaus in Deutschland. Da viele Männer gefallen oder in Gefangenschaft waren, mussten die Frauen viele derjenigen Arbeiten für den Wiederaufbau übernehmen, die eigentlich reine Männersache waren. Dementsprechend lag auch die Versorgung der Haushalte mit Lebensmitteln und Heizmaterial in ihren Händen, was allerdings oft nur auf illegalen Wegen möglich war.

Was war der Kalte Krieg?

Kaum war der Krieg vorbei, brachen die Gegensätze zwischen den USA und der Sowjetunion wieder auf – der „Kalte Krieg" begann. Die USA befürchteten, dass die Sowjets Deutschland in ihren Machtbereich ziehen könnten – wie in den osteuropäischen Ländern. Sie wollten die Kontrolle in Westdeutschland behalten. Die Sowjets dagegen wollten auf keinen Fall den Kapitalismus in ihrer Besatzungszone zulassen. Die westlichen Zonen und die Ostzone entwickelten sich somit auseinander.

Was waren die Bi- und die Trizone?

Im Januar 1947 schlossen Amerikaner und Briten ihre Besatzungsgebiete zur Bizone (Zweierzone) zusammen; im April 1948 schloss sich die französische Zone zur Trizone an. Nun gab es eine Westzone und eine Ostzone.

Die Berliner feierten im Mai 1949 erleichtert das Ende der Blockade ihrer Stadt.

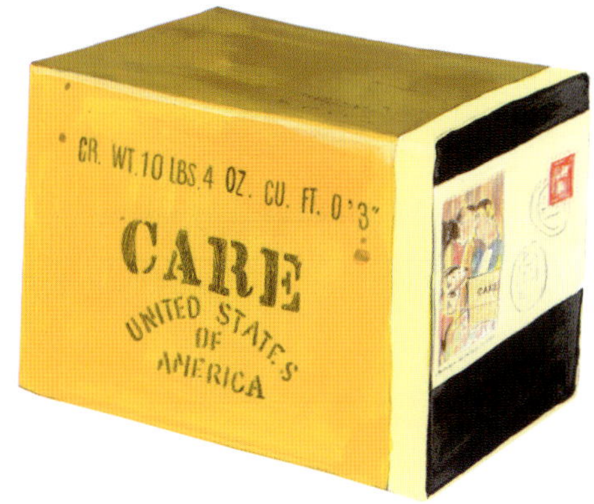

Wieso entwickelte sich der Westen Deutschlands schneller als der Osten?

Die USA hatten großes Interesse am Wiederaufbau des nicht-kommunistischen Europa. Deshalb entwickelte US-Außenminister George C. Marshall einen Plan, durch den ab April 1948 Geld und Rohstoffe nach Westeuropa flossen – so erhielt Westdeutschland bis 1957 rund 1,7 Milliarden Dollar. Dazu kamen CARE-Pakete aus den USA mit Lebensmitteln und Kleidung. Die Ostzone dagegen war von der Sowjetunion abhängig, die selbst unter dem Krieg schwer gelitten hatte.

Care-Pakete aus den USA. Sie wurden von der „Cooperative for American Remittances to Europe" verschickt, einer Vereinigung, die die Not in Europa lindern wollte.

Ab wann gab es zwei verschiedenen deutsche Währungen?

Im Juni 1948 wurde zuerst in der Westzone die D-Mark, dann in der Ostzone die Mark eingeführt.

Was war die Berliner Blockade?

Weil es Streit darüber gab, welches Geld im viergeteilten Berlin gelten sollte, sperrten die Sowjets ab Juni 1948 die Zufahrtswege nach Berlin. Elf Monate lang konnten keine Lebensmittel in die Stadt gebracht werden. Amerikaner und Briten brachten den Berlinern über eine „Luftbrücke" Lebensmittel, Kohle und andere Güter.

Während der Blockade bejubelten die Berliner die „Rosinenbomber", wie die Versorgungsflugzeuge genannt wurden. Etwa 195 000 mal landeten sie im Westsektor der Stadt.

Zwei deutsche Staaten: BRD und DDR

Die schwarz-rot-goldene Flagge wurde am 9. Mai 1949 wieder Nationalflagge Deutschlands. Die DDR setzte 1959 ihr Staatswappen in die Mitte der Flagge, den Ährenkranz mit Hammer und Zirkel, sodass es fortan zwei deutsche Flaggen gab.

Stimmt das?

Die politische Zweiteilung Deutschlands geschah auf Drängen der Amerikaner und Briten.

Ja, im Juli 1948 forderten sie die Ministerpräsidenten der westdeutschen Bundesländer auf, eine Nationalversammlung einzuberufen, die eine Verfassung für einen neuen Staat ausarbeiten sollte. Und auch eine westdeutsche Regierung sollte es nun geben.

Wann wurde die Bundesrepublik Deutschland gegründet?

Am 23. Mai 1949 trat die neue Verfassung Westdeutschlands in Kraft, das Grundgesetz. Damit war die BRD, die Bundesrepublik Deutschland, gegründet. Am 14. August 1949 fand dann die Wahl des ersten Deutschen Bundestags statt. Eine Regierung aus CDU/CSU, FDP und Deutscher Partei wurde gebildet.

Wann wurde die Deutsche Demokratische Republik gegründet?

Am 7. Oktober 1949 wurde die DDR gegründet. Der Volksrat beauftragte Otto Grotewohl (SED) damit, eine Regierung zu bilden.

Konnten die beiden neuen Staaten ihre Politik selbst bestimmen?

Nein, für die BRD galt das Besatzungs-Statut: die drei westlichen Siegermächte bestimmten immer noch mit. Und die DDR bezeichnete sich zwar als Demokratie, aber dort mussten sich alle Parteien der SED unterordnen. Und deren Politik wurde von der Sowjetunion bestimmt.

Der Sozialdemokrat Otto Grotewohl (1894–1964) war in der sowjetisch besetzten Zone Vorsitzender der SPD, die sich mit der KPD zur Sozialistischen Einheitspartei Deutschlands (SED) zusammenschloss. 1949 wurde er erster Ministerpräsident der DDR.

Wilhelm Pieck (1876–1967; Mitte) war der erste Präsident der DDR. Doch eigentlich lag die Macht bei Walter Ulbricht (1893–1973; links), der in der Einheitspartei SED das Sagen hatte. Rechts Erich Honecker (1912–1994), der 1971 sein Nachfolger wurde.

Wer war der erste Kanzler der BRD?

Konrad Adenauer (1867–1971) war von 1949 bis 1963 Kanzler der Bundesrepublik Deutschland. Erster Bundespräsident, von 1949 bis 1959, war Theodor Heuss (1884–1963).

Konrad Adenauer (1876–1967) war von 1949 bis 1963 Kanzler der BRD. Außerdem hatte er von 1951 bis 1955 das Amt des Außenministers inne; bis 1966 war er Vorsitzender der CDU.

Wer waren die führenden Politiker der jungen DDR?

Erster Ministerpräsident war Otto Grotewohl (1894–1964); Wilhelm Pieck (1876–1967) war der erste Präsident. Doch eigentlich lag die Macht bei Walter Ulbricht (1893–1973), der in der NS-Zeit in Paris und Moskau im Exil gewesen war.

Gab es Versuche der Wiedervereinigung der beiden Staaten?

Der sowjetische Diktator Stalin schlug 1952 vor, Deutschland doch noch zu einem neutralen Staat zu vereinen („Stalinnote"). Doch die Westmächte lehnten ab – und damit auch Bundeskanzler Konrad Adenauer. Sie hielten Stalins Angebot für ein „Störmanöver", das die Anbindung der BRD an den kapitalistischen Westen verhindern sollte.

Theodor Heuss (1884–1963) war zehn Jahre lang, von 1949 bis 1959, Bundespräsident der BRD. Vertraulich wurde er von den Westdeutschen „Papa Heuss" genannt.

Die BRD zu Zeiten des Wirtschaftwunders

Was verstand man unter dem „Wirtschaftswunder?"

Schon wenige Jahre nach dem Zusammenbruch Deutschlands ging es mit der neuen Bundesrepublik so schnell bergauf, dass man von einem Wunder sprach. Unter der Führung des Wirtschaftsministers Ludwig Ehrhard (1897–1977) krempelte man die Ärmel hoch. Mit kräftiger Unterstützung aus den USA konnten die zerstörten oder demontierten (nach dem Krieg durch die Sieger abgebauten) Fabriken wieder aufgebaut werden, moderner und besser als früher.

Wie lange arbeiteten die Menschen in der BRD damals?

1949 mussten 48 Stunden in der Woche gearbeitet werden. Die Gewerkschaft kämpfte unter dem Motto „Samstags gehört Vati mir" für die Verkürzung der Arbeitszeit – mit Erfolg: 1959 waren es immer noch 44 bis 45 Stunden, aber der Samstag war meist arbeitsfrei.

Ludwig Ehrhard (1897–1977) war von 1949 bis 1963 Wirtschaftsminister der BRD, danach drei Jahre lang Bundeskanzler. Er gilt als „Vater des Wirtschaftswunders".

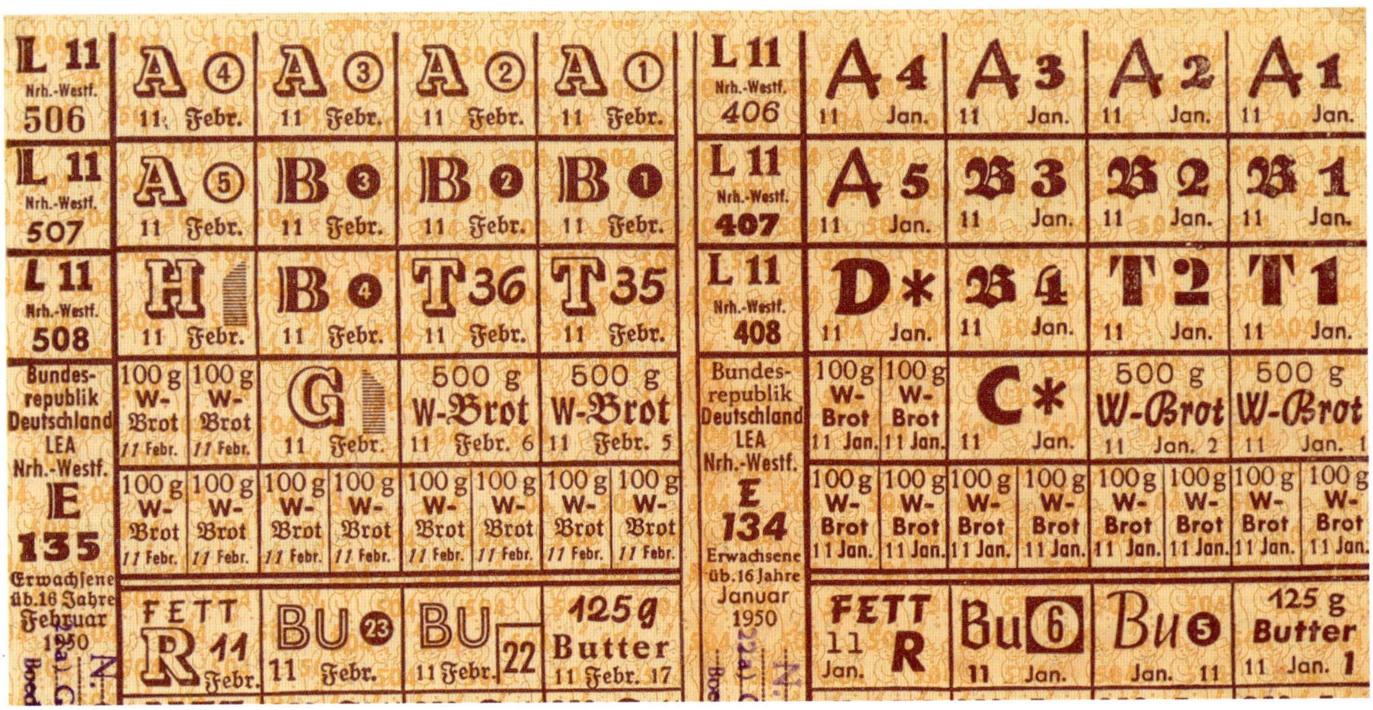

Nach dem Krieg konnte man in den Geschäften Brot, Fleisch, Eier, Mehl, Milch, Butter, Zucker, Kaffee, ja sogar Waschpulver nur gegen Lebensmittelmarken erhalten. 1950 wurden die Marken abgeschafft.

Ab wann holte man Gastarbeiter ins Land?

Bereits ab 1955 warb man so genannte Gastarbeiter aus Südeuropa an, weil in den Fabriken und auf dem Bau so viel zu tun war. Viele blieben und holten ihre Familien nach.

In den Läden konnten die Regale wieder gefüllt werden. Die Menschen waren froh, die schlimmste Zeit überstanden zu haben.

Hast du das gewusst?

Kanzler Konrad Adenauer war auch Erfinder. Er meldete z. B. ein Patent „zur Herstellung eines dem rheinischen Roggenschwarzbrot ähnelnden Schrotbrotes" (Kölner Brot) an und entwickelte eine Tülle für Gartengießkannen, die mit einer Klappe abgedeckt werden konnten.

Im November 1955 wurden die ersten Soldaten der neu gegründeten Bundeswehr vereidigt. Es sind noch Freiwillige. 1956 wird dann für junge Männer eine zwölfmonatige Wehrpflicht eingeführt.

Stimmt das?

Zehn Jahre nach Kriegsende gab es schon wieder eine Armee in der BRD?

Ja, im November 1955 wurde die Bundeswehr gegründet, 1956 dann die zwölfmonatige Wehrpflicht für junge Männer eingeführt.

Wie sah die „Wiedergutmachung" aus?

Gleich nach Kriegsende mussten die Deutschen Geld und Waren und sogar ganze Fabriken in die Länder schicken, die die Nazis besetzt hatten. Auch der neu gegründete jüdische Staat Israel bekam Geld. Die BRD verpflichtete sich, drei Milliarden DM zu zahlen. Für viele Bürger war damit die Schuld der NS-Zeit beglichen. Man wollte nicht mehr an die Vergangenheit erinnert werden, sondern lieber stolz auf den Wiederaufbau sein. Die DDR beteiligte sich nicht an der Wiedergutmachung für Juden, weil sie sich nicht als Nachfolge-Staat des Dritten Reichs ansah.

Das Leben in der DDR

Wie funktionierte die Planwirtschaft in der DDR?

Wie in den anderen kommunistischen Ländern wurde auch in der DDR die Herstellung und der Verkauf von Waren zentral gesteuert. Die Regierung gab ab 1951 entsprechende Pläne heraus, nach denen sich die Betriebe richten mussten. Im Laufe der Jahre zeigten sich jedoch mehr und mehr die Schwächen dieser Wirtschaftsform. Die Menschen arbeiteten hart, aber es gab wenig zu kaufen.

Die FDJ, die Freie Deutsche Jugend, war eine Organisation für Jugendliche ab 13 Jahre. Die Mitgliedschaft war offiziell freiwillig, doch wer nicht eintrat, hatte mit Schwierigkeiten bei der Auswahl einer weiterführenden Schule und bei der Berufswahl zu rechnen.

Was waren VEB, SED und LPG?

VEB steht für Volkseigener Betrieb: Nicht mehr die Fabrikbesitzer sollten über die Betriebe bestimmen, sondern das Volk. Deshalb wurden die Unternehmen ihren Besitzern weggenommen. Doch die Wirklichkeit sah anders aus: Nicht das Volk bestimmte, sondern die Sozialistische Einheitspartei Deutschlands (SED). LPGs waren Landwirtschaftliche Produktionsgenossenschaften: Die Bauernhöfe waren zu riesigen Betrieben zusammengeschlossen. Man hoffte, dadurch günstiger wirtschaften zu können. Zum Abschluss der Verstaatlichung waren 1960 eine Million Bauern in 19 000 LPGs vereint.

Was war die Stasi?

Zur Sicherung der SED-Herrschaft gab es ab 1950 das „Ministerium für Staatssicherheit", Stasi genannt. Die Stasi warb Spitzel an, damit Kritik sofort unterdrückt werden konnte. Viele Bürger kamen deshalb ins Gefängnis.

Ab 1952 wurden die ostdeutschen Bauern aufgefordert, sich zu LPGs zusammenzuschließen.

Warum verließen viele Menschen die DDR?

Weil der Aufbau der Schwerindustrie (Rohstoffe, Stahl) Vorrang hatte, wurden zu wenig Lebensmittel, Kleidung und andere Waren hergestellt. Um ihre Lebensbedingungen zu verbessern und der Bevormundung durch den Staat zu entkommen, flohen viele in die BRD. Vor allem junge, gut ausgebildete Leute verließen das Land, sodass die Arbeitskräfte in der DDR fehlten. Die Ausreise wurde daher immer mehr erschwert.

Am 17. Juni 1953 rückten sowjetische Panzer nach Berlin ein. Die Menschen bewarfen sie mit Steinen, um ihre Wut und Enttäuschung auszudrücken.

Hast du das gewusst?

1950 wurde eine ganze Stadt für die Arbeiter der neuen Eisenhütte (Stahlwerk) nahe der polnischen Grenze erbaut: Stalinstadt. Nachdem die Verbrechen des sowjetischen Diktators Stalin öffentlich gemacht wurden, nannte man sie 1961 Eisenhüttenstadt.

Während des Aufstands in Berlin wurden auch Stalin-Bilder und Polizeiakten verbrannt, als eine Dienststelle der Volkspolizei gestürmt wurde.

Was geschah am 16. und 17. Juni 1953?

Weil der Staat die Arbeitsnormen erhöhte, kam es am 16. Juni zu Streiks auf den großen Baustellen in Ost-Berlin. Schließlich demonstrierten Hunderttausende im ganzen Land. Eine halbe Million Menschen forderte den Rücktritt der Regierung und freie Wahlen. Manche versuchten, die Büros der SED zu stürmen. Am 17. Juni schlugen das sowjetische Militär und die Volkspolizei den Aufstand nieder. Wie viele Demonstranten getötet wurden, ist unklar, etwa 1400 wurden verhaftet.

Ende 1957 rollte in Zwickau der erste P70, der Vorgänger des legendären Trabi, vom Band. Er wurde im VEB Sachsenring produziert, der Fabrik der ehemaligen Firma Horch.

Die sechziger Jahre

Berlin lag wie eine Insel in der DDR. Die Stadt war in vier Sektoren aufgeteilt. Der sowjetische Sektor wurde 1961 durch den Bau der Mauer vom restlichen Berlin getrennt.

Durfte niemand aus der DDR nach Westdeutschland reisen?

Es gab Ausnahmeregelungen, vor allem für Politiker und Sportler. Ab 1964 durften Rentner ein Mal im Jahr für vier Wochen in die BRD fahren, wenn Verwandte im Westen dies beantragt hatten.

An allen Sektorengrenzen waren solche oder ähnliche Hinweisschilder angebracht.

Warum ließ die DDR eine Mauer durch Berlin bauen?

Fast 2,7 Millionen Menschen flohen bis 1961 aus der DDR. Weil die Grenze zu Westdeutschland mit Stacheldraht und Minen gesichert wurde, nutzten die meisten Menschen die Sektorengrenze zwischen Ost- und Westberlin zur Flucht. Doch damit war es am 13. August 1961 vorbei. Die DDR ließ eine Mauer bauen, die die Stadt teilte. Sie wurde mit Selbstschussanlagen versehen und schwer bewacht.

Am 13. August 1961 wurde mit dem Bau der Mauer begonnen. Auch die Fenster der angrenzenden Häuser mauerten die Soldaten zu, damit niemand fliehen konnte.

Der Checkpoint Charlie am Südende der Friedrichstraße war ab 1961 die einzige Übergangsstelle zwischen West- und Ostberlin, für die Alliierten ebenso wie für andere Ausländer und DDR-Funktionäre.

Was war das „Neue Ökonomische System"?

Die DDR-Führung unter Walter Ulbricht hatte auf die Wut über die „todessichere" Grenze und die Unzufriedenheit über die leeren Regale in den Läden reagiert: 1963 wurden neue Regeln erlassen, durch die die Betriebe selbstständiger arbeiten konnten. Auch die Löhne wurden geändert; wer mehr leistete, bekam auch mehr Geld. So wurden Anreize geschaffen, besser zu arbeiten, und es wurde mehr produziert.

Ein mächtiger Mann: Franz-Josef Strauß (1915–1988) war von 1956 bis 1962 Verteidigungsminister, 1966 wurde er Finanzminister der Großen Koalition. Außerdem war er 27 Jahre lang der Vorsitzende der CSU.

Was war die Große Koalition?

In der BRD hatte eine hohe Arbeitslosigkeit das Wirtschaftwunder abgelöst. Das Vertrauen in Ludwig Erhard, der seit 1963 Kanzler war, schwand. So kam es 1966 zum Regierungswechsel. Die SPD wurde mit in die Regierung aufgenommen. Diese Zusammenarbeit von CDU und SPD wurde „Große Koalition" genannt (Koalition = Bündnis). Viele Menschen sahen das kritisch: Wer sollte die Arbeit der Regierung kontrollieren, wenn die beiden großen Parteien „unter einer Decke steckten"?

Was waren APO und Studentenbewegung?

Die jungen Menschen in der BRD warfen den Älteren vor, dass sie die NS-Zeit verschwiegen und nur ihren Wohlstand im Kopf hatten. Auch der Krieg der mit Deutschland verbündeten USA gegen Vietnam führte zu Protesten. Und da es wegen der Großen Koalition keine wirkliche Opposition (Gegenkraft) im Parlament gab, entwickelte sich die APO – die Außerparlamentarische Opposition. Dazu gehörten vor allem Studenten, die dem Sozialismus nahe standen. 1968 war der Höhepunkt der Studentenbewegung. Im April wurde Rudi Dutschke, einer der Führer des „Sozialistischen Deutschen Studentenbundes" (SDS) durch ein Attentat lebensgefährlich verletzt und es kam zu schweren Unruhen. Die APO warf der Bild-Zeitung vor, die Tat durch ihre Hetze gegen Dutschke angestiftet zu haben.

Rudi Dutschke (1940–1979) war einer der Führer der Studentenbewegung. 1968 wurde er von einem Hilfsarbeiter niedergeschossen und lebensgefährlich verletzt. Dutschke starb elf Jahre später an den Folgen des Attentats.

Willy Brandt und die neue Ostpolitik

Wer war Willy Brandt?

Willy Brandt (1913–1992) gilt als einer der bedeutendsten Politiker der Nachkriegszeit in Deutschland, obwohl er nur viereinhalb Jahre lang Bundeskanzler war, von 1969 bis 1974. Seit seiner Jugend engagierte er sich für den Sozialismus; als Kanzler setzte er sich für eine Annäherung an den Ostblock und die DDR ein. 1971 erhielt er den Friedensnobelpreis für seine Politik der Versöhnung.

Was war die sozial-liberale Koalition?

Unter Kanzler Willy Brandt begann 1969 die Zusammenarbeit von SPD und FDP in der Regierung. Die FDP (Freie Demokratische Partei) stellte mit Walter Scheel den Vizekanzler und Außenminister.

Obwohl Willy Brandt (1913–1992) nur viereinhalb Jahre lang Bundeskanzler war (1969–1974), gilt er aufgrund seiner Politik des „Wandels durch Annäherung" als einer der bedeutendsten Politiker der Nachkriegszeit in Deutschland.

Brandts Nachfolger Helmut Schmidt besuchte ebenfalls die DDR. Auf dem Bahnhof von Güstrow verabschiedet ihn der neue Staatschef Erich Honecker.

Was bedeutete „Wandel durch Annäherung“?

Anstatt auf der eigenen Position zu beharren, suchte die Regierung das Gespräch mit den kommunistischen Staaten – vor allem natürlich mit der DDR. 20 Jahre lang hatte die CDU geleugnet, dass auch die DDR ein deutscher Staat war, und außerdem Anspruch auf die Gebiete erhoben, die nach dem Krieg an Polen und die Sowjetunion abgetreten worden waren. Willy Brandt reiste nach Moskau und nach Polen; als erster hoher Politiker der BRD besuchte er 1970 die DDR. Verträge wurden geschlossen, durch die ein friedliches Miteinander möglich wurde. Endlich konnten sich die Bürger der beiden deutschen Staaten leichter besuchen.

Willy Brandt am Mahnmal des ehemaligen Warschauer Gettos am 7. Dezember 1970. Sein Kniefall wurde auch zum Symbol dafür, dass Deutschland sich mit Polen, dem es im Zweiten Weltkrieg so viel Leid angetan hatte, versöhnen wollte.

Durch welche Verträge wurde die neue Ostpolitik abgesichert?

Im Moskauer Vertrag von 1970 verpflichten sich die BRD und die UdSSR zum Frieden und zur Anerkennung der Staatsgrenzen in Europa. Mit dem Warschauer Vertrag von 1970 verzichtete die BRD darauf, Anspruch auf ehemals deutsche Gebiete in Polen zu stellen. Im Grundlagenvertrag von 1972 erklärten BRD und DDR ihre Absicht, „gutnachbarliche Beziehungen zueinander auf der Grundlage der Gleichberechtigung“ zu entwickeln.

Der FDP-Politiker Hans-Dietrich Genscher (geb. 1927) war von 1969 bis 1992 Minister der jeweiligen Regierung. Zunächst war er Innenminister, ab 1974 Außenminister.

Stimmt das?

Willy Brandt musste zurücktreten, weil er einem Stasi-Spitzel vertraute?

Ja, ein enger Mitarbeiter von Brandt, Günter Guillaume, wurde als Stasi-Spitzel entlarvt. So stolperte ausgerechnet der Kanzler, der ein besseres Verhältnis zur DDR gesucht hatte, über einen Spion der DDR. Brandt trat zurück, Helmut Schmidt wurde sein Nachfolger.

Politik von unten

Die Frauenbewegung in Westdeutschland ist eng mit Alice Schwarzer (geb. 1942; zweite von links) und der Zeitschrift „Emma“ verbunden.

Was war die neue Frauenbewegung?

In den siebziger Jahren wehrten sich die Frauen verstärkt gegen die Vorherrschaft der Männer. Sie gründeten Selbsterfahrungsgruppen und Frauenzentren, Buchläden und Cafés. Zeitschriften wie „Courage“ und „Emma“ griffen die von Männern beherrschte Gesellschaft an, vor allem auch den Paragraphen 218, der Abtreibung unter Strafe stellte.

Was bedeutet der Slogan „Atomkraft? Nein Danke!“?

Seit den sechziger Jahren wurden in der BRD Kraftwerke gebaut, die Energie aus radioaktiven Materialien gewinnen. Die Gefahren der radioaktiven Strahlung wurden von vielen Politikern und den Betreibern der Kraftwerke kleingeredet. Bürgerinitiativen wehrten sich gegen den Bau neuer Anlagen. Als es 1986 in der Sowjetunion im Kraftwerk von Tschernobyl einen schweren Unfall gab, war auch Deutschland von der dabei freigesetzten Strahlung betroffen. Doch erst 2003 wurde das erste AKW in Stade abgeschaltet.

Wie kam es zur Friedensbewegung?

Die Angst vor der Atomkraft ging einher mit der Angst, dass das Wettrüsten der beiden Supermächte USA und Sowjetunion zu einer Katastrophe führen könnte. Vor allem als die NATO 1979 plante, in der BRD Atomraketen zu stationieren, begriff man: Entstünde aus dem Kalten Krieg ein richtiger Krieg, würde Deutschland vernichtet. Auch über die hohen Rüstungsausgaben waren viele empört. Sie taten sich in der Friedensbewegung zusammen, organisierten Demonstrationen und Friedenscamps.

In den siebziger und achtziger Jahren demonstrierten die Menschen gegen Atomkraft und Umweltzerstörung.

Gab es auch in der DDR eine Friedensbewegung?

Dort waren es vor allem kirchliche Gruppen, die unter dem Motto „Schwerter zu Pflugscharen" für Abrüstung demonstrierten. Ohne sie hätte es 1989 die gewaltfreie Revolution wohl nicht gegeben.

Ein Küchenhandtuch, eine Einkaufstasche und Kleidung, die die Figur betont – das waren Symbole für ein Frauenbild, das zu Kreuze getragen werden sollte.

Bei der Ölkrise 1973 kontrollierten Polizisten, ob das Fahrverbot eingehalten wurde.

Was war die Ölkrise?

Die arabischen Länder, in denen Öl gefördert wird, erhöhten 1973 den Preis für Öl und schränkten die Förderung ein. Dadurch wurde auch in der BRD das Öl knapp. Die Regierung beschloss Fahrverbote für Autos. Die Ölkrise löste eine schwere Wirtschaftskrise aus – aber auch das Bewusstsein, dass Rohstoffe kostbar sind. Die Umweltbewegung, die für eine saubere Umwelt kämpfte, bekam dadurch Aufwind.

Seit wann gibt es Die Grünen?

Die Gruppen, die eine neue Politik wollten, taten sich 1980 zu einer Partei zusammen, um gemeinsam zur Bundestagswahl anzutreten. Weil die meisten der Mitglieder aus der Umweltbewegung kamen, nannte man sich „Die Grünen". 1993 schlossen sie sich mit der aus der DDR stammenden Bürgerrechtsbewegung „Bündnis 90" zusammen. 1998 schafften sie es, gemeinsam mit der SPD die Bundesregierung zu bilden.

Die Grünen kamen 1985 in Hessen zum ersten Mal in die Regierung eines Landtags. Der ehemalige APO-Aktivist Joschka Fischer (geb. 1948) erschien zu seiner Vereidigung als Umweltminister in weißen Turnschuhen.

Die Ära Kohl

Helmut Kohl (geb. 1930) trat schon mit 16 Jahren in die CDU ein. 25 Jahre lang war er ihr Vorsitzender, bis er 1998 von Wolfgang Schäuble abgelöst wurde.

Wie lange war Helmut Kohl Bundeskanzler?

Sechzehn Jahre, von 1982 bis 1998. Außer Bismarck ist in Deutschland noch niemand so lange Kanzler gewesen. Vorsitzender der CDU war Kohl sogar 25 Jahre lang.

Helmut Kohl und der französische Ministerpräsident François Mitterand bekunden ihre Verbundenheit beim Gedenken an die Toten der beiden Weltkriege auf dem Soldatenfriedhof von Verdun am 11. November 1984. Die beiden Politiker setzten sich vor allem für ein vereintes Europa ein, in dem es nie wieder Krieg zwischen Deutschland und Frankreich geben soll.

Was war Kohl wichtigstes politisches Ziel?

Helmut Kohls Ziel war das vereinte Europa. Er wollte die alten Feindseligkeiten, vor allem die mit Frankreich, endgültig überwinden. Er setzte sich für die „Europäische Union" ein, die 1992 gegründet wurde: ein Staatenbund, in dem die einzelnen Länder wirtschaftlich und politisch eng zusammenarbeiten. Die Einführung des Euro wurde dadurch in die Wege geleitet (s. S. 135).

Stimmt das?

Kohl wurde zunächst nicht durch eine Bundestagswahl Kanzler.

Ja, Helmut Kohl wurde Kanzler, weil die FDP nicht länger mit der SPD regieren wollte. Als im Oktober 1982 vier FDP-Minister zurücktraten, zerbrach die Regierung. Deshalb wählte der Bundestag den Vorsitzenden der CDU zum Kanzler. Die Mehrheit des Volkes war mit dieser Entscheidung zufrieden: Viermal – 1983, 1987, 1990 und 1994 – stimmten sie bei den Bundestagswahlen für Kanzler Kohl.

Warum geriet Helmut Kohl 1999 ins Zwielicht?

Weil er unerlaubt Spenden in Millionenhöhe angenommen hatte und darüber nicht die Wahrheit gesagt hat. Zu der Frage, von wem er die Spenden erhalten hat, schweigt Kohl bis heute.

Weshalb wird Kohl „Kanzler der Einheit" genannt?

In seiner Regierungszeit kam es zum Ende des Kalten Kriegs zwischen Ost und West und schließlich zur Wiedervereinigung Deutschlands.

Wie kam es zum Ende des Kalten Krieg?

Die Sowjetunion war wirtschaftlich in einer desolaten Situation. Als Michail Gorbatschow 1985 die Führung der Kommunistischen Partei übernahm, senkte er die Ausgaben für Waffen, um mehr Geld für das verarmte Land zu haben. Er erkannte, dass ein moderner Staat nicht mit totaler Planwirtschaft und der Unfreiheit seiner Bürger überleben kann. Durch „Perestroika" (Umgestaltung) und „Glasnost" (Offenheit) näherte er sich dem Westen an. Die Weichen für die Auflösung des Ostblocks waren gestellt.

Kurz vor dem Zusammenbruch der DDR mahnte Michail Gorbatschow (geb. 1931) seinen Gastgeber Erich Honecker am 5. Oktober 1989: „Gefahren warten nur auf jene, die nicht auf das Leben reagieren." Berühmt wurde eine andere, aus einer falschen Übersetzung resultierende Fassung dieser Aussage: „Wer zu spät kommt, den bestraft das Leben."

Die Wiedervereinigung

Wodurch wurde die friedliche Revolution in der DDR eingeleitet?

Die meisten Länder des kommunistischen Ostblocks hatten sich gewandelt und 1989 freie Wahlen zugelassen. Doch in der DDR blieb die Führung stur. Trotzdem nutzten die Menschen dort ihre Chance. Als die Grenze zwischen Ungarn – in das die DDR-Bürger reisen durften – und Österreich geöffnet wurde, flohen viele Urlauber nach Österreich. Und es wurden immer mehr. Im Sommer 1989 flohen Tausende von unzufriedenen Bürgern über die Tschechoslowakei und Ungarn in den Westen.

Was waren die Leipziger Montagsgebete?

Ab 1982 hielt in der Leipziger Nikolaikirche Pfarrer Christian Führer jeden Montag Friedensgebete ab. Nachdem im Oktober 1989 Polizei und Stasi gewaltsam gegen Demonstranten vorgegangen waren, bekamen die Montagsgebete riesigen Zulauf. Sie weiteten sich auf andere Städte aus und wurden zum Ruf nach mehr Freiheit und Reformen.

Die Botschaft der DDR in Prag war im September und Oktober 1989 Zufluchtsort für Tausende von Menschen, die die DDR verlassen wollten. 14 000 Flüchtlinge durften schließlich in die Bundesrepublik einreisen.

Jeden Montag nahm die Zahl derer zu, die in der DDR für mehr Freiheit demonstrierten.

Was war der „Runde Tisch"?

Ab Dezember 1989 setzten sich Vertreter der DDR-Regierung und der oppositionellen Gruppen am „Runden Tisch" zusammen. Sie verabredeten, dass es eine neue Verfassung und Wahlen geben sollte.

Ließ sich die DDR-Führung durch die Proteste umstimmen?

Ja, ein wenig. Weil SED-Chef Erich Honecker keinen Wandel zulassen wollte, wurde er durch Egon Krenz ersetzt. Es gab Reiseerleichterungen und Straferlass für politische Gefangene. Doch den Bürgern reichte das nicht. Sie wollten endlich freie Wahlen.

Die Menschen aus Ost und West feierten auf der Mauer vor dem Brandenburger Tor den Fall der Berliner Mauer.

Wie kam es zum Fall der Berliner Mauer?

Am 7. und 8. Novmber 1989 war die gesamte Führung der DDR zurückgetreten. Am nächsten Abend gab das neue Politbüro der DDR bekannt, dass die Grenze zur Bundesrepublik und nach West-Berlin geöffnet werden würde. Noch in der Nacht zogen Tausende los, gingen zu Fuß durch die Grenzkontrollen, setzten sich in ihre Autos und fuhren nach Westen, passierten ungehindert die Übergänge von Ost- nach West-Berlin. In der Nacht vom 9. auf den 10. November gab es in Berlin ein riesiges Volksfest. Gemeinsam feierten die Deutschen aus Ost und West den Fall der Mauer.

Wie vollzog sich die Vereinigung von DDR und BRD?

Bei den Wahlen zur neuen DDR-Regierung am 18. März 1990 erhielten die Parteien, die für den Erhalt der DDR waren, nur wenige Stimmen. Sieger (40,8 %) wurde die CDU, die für den raschen Zusammenschluss der beiden deutschen Staaten eintrat. Zunächst wurde die D-Mark eingeführt, dann beschloss die Volkskammer den Beitritt zur BRD. Mit dem 3. Oktober 1990 war die DDR offiziell von der politischen Landkarte verschwunden.

Die so genannten „Mauerspechte“ nutzten die Gunst der Stunde: Sie schlugen Steine aus der Berliner Mauer, um sie als Souvenirs zu verkaufen.

Die ersten Trabis wurden freudig im Westen begrüßt. Der Jubel über die geöffnete Grenze war auf beiden Seiten groß – hielt aber nicht sehr lange an.

Das vereinigte Deutschland

Warum gab es die „Treuhandanstalt“?

Weil die Volkseigenen Betriebe der ehemaligen DDR in private Unternehmen umgewandelt werden sollten, gingen 40 000 VEBs und 4400 Land- und Forstwirtschaften vorübergehend in den Besitz einer „Treuhandanstalt“ über. Unter der Leitung von Birgit Breuel wurde diese Umwandlung bis Ende 1994 vorgenommen.

Das Reichstagsgebäude ist heute der Sitz des deutschen Parlaments, des Bundestags. Hier werden die bundespolitischen Entscheidungen gefällt.

Im Sommer 1999 wurden Bundesregierung und Bundestag von Bonn nach Berlin verlegt. Einer der vielen Neubauten, die das Gesicht der Hauptstadt Berlin veränderten: das Bundeskanzleramt.

Seit der Wiedervereinigung besteht die Bundesrepublik nicht mehr aus elf, sondern aus sechzehn Bundesländern. Neu hinzugekommen sind Mecklenburg-Vorpommern, Brandenburg, Sachsen-Anhalt, Sachsen und Thüringen.

Was war der „Solidarpakt Ost“?

Weil viele Betriebe in den neuen Bundesländern veraltet waren, wurden Millionen Menschen arbeitslos oder gingen in den Westen, um Arbeit zu suchen. Um Ostdeutschland zu helfen, gab es ab Juli 1991 einen Zuschlag von 7,5 % auf die Einkommenssteuer. So konnten 1,8 Billionen Euro von West nach Ost fließen, um neue Fabriken, Straßen und Häuser zu bauen.

Die Stasi war der Geheimdienst der DDR. Niemand war damals vor Bespitzelungen sicher. Wie groß das Ausmaß der Schnüffelei gewesen ist, wurde vielen „Wessis“ jedoch erst klar, als die Bilder von den kilometerlangen Aktenregalen durch die Medien gingen.

Was bedeutet die Abkürzung IM?

So wurden die „Inoffiziellen Mitarbeiter" der Stasi genannt. Nach dem Zusammenbruch der DDR stellte sich heraus, dass Hunderttausende von DDR-Bürgern heimlich für das „Ministerium für Staatssicherheit" gearbeitet hatten. Viele Menschen sahen sich die Akten an, die die Stasi über sie angelegt hatte und erfuhren, dass sie jahrelang von Freunden und Verwandten bespitzelt worden waren.

Hast du das gewusst?

Die Stasi-Akten umfassten 180 Regalkilometer: Protokolle, Fotos, Ton- und Videobänder, die die Bespitzelung der Bevölkerung festhielten.

Welche Folgen hatte die Wiedervereinigung für den Umweltschutz?

Die meisten DDR-Betriebe hatten aus Kostengründen keine Rücksicht auf die Umwelt genommen. Durch ihre Stilllegung oder Modernisierung wurden Luft und Gewässer deutlich sauberer. Außerdem wurden entlang der ehemaligen deutschen-deutschen Grenze, wo sich Flora und Fauna vierzig Jahre lang ungestört entwickeln konnten, Naturschutzgebiete eingerichtet.

Wodurch stieg die Arbeitslosigkeit in den neunziger Jahren?

Nicht nur die Schließung vieler Ostbetriebe war daran Schuld, sondern auch die zunehmende Globalisierung der Wirtschaft (global = weltumspannend). Die riesigen internationalen Konzerne produzieren dort, wo Arbeit am billigsten ist, und bestimmen dementsprechend die Wirtschaft der Länder. Auch in Deutschland wurden in den neunziger Jahren immer mehr Firmen von großen Konzernen übernommen; Tausende von Arbeitsplätzen wurden dadurch abgebaut.

Viele Bewohner der neuen Bundesländer wollten nach dem Fall der Mauer möglichst schnell ihre alten, unmodernen Produkte loswerden. Da wurde manchmal selbst das Auto nicht verschont.

Deutschland im neuen Jahrtausend

Wann löste „rot-grün" die „Ära Kohl" ab?

Bei der Bundestagswahl 1998 erlebte die CDU unter Helmut Kohl eine deutliche Niederlage. Daraufhin bildete die SPD gemeinsam mit den Grünen die neue Regierung. Kanzler wurde Gerhard Schröder (SPD); Vizekanzler und Außenminister Joschka Fischer (Die Grünen).

Bundeskanzler Schröder und Außenminister Fischer freuten sich: Nach den Wahlen vom September 2002 konnten sie mit einer knappen Mehrheit weiterregieren. Drei Jahre später endete ihr Bündnis.

Was ist Hartz IV?

Die Arbeitslosigkeit ist das größte Problem der Regierungen im neuen Jahrtausend. Im Januar 2005 war sie mit über 5 Millionen Menschen (12,1%) so hoch wie nie seit 1945. Die Regierung versuchte mit Hilfe einer Arbeitsgruppe unter Leitung des Wirtschaftsexperten Peter Hartz die Quote zu verringern und erließ ab Januar 2005 ein „Hartz IV" genanntes Gesetz: Nach einem Jahr Arbeitslosengeld gibt es nur noch Geld in Höhe der Sozialhilfe. Für viele Deutschen zeigte das Gesetz besonders deutlich, dass der Staat seine Hilfe für Bedürftige stark kürzt. Im Januar 2006 lag die Arbeitslosigkeit immer noch bei 12,1%.

Warum kam es im September 2005 zu vorgezogenen Neuwahlen?

Die SPD hatte bei Landtagswahlen in den Jahren 2003 und 2004 mehrere Niederlagen einstecken müssen. Als sie im Mai 2005 auch in Nordrhein-Westfalen Verluste hinnehmen musste, wollte Kanzler Schröder wissen, ob seine Politik noch die Zustimmung der Bevölkerung hat. Deshalb beantragte er Neuwahlen und bekam sie zugebilligt.

Steigende Arbeitslosenzahlen und immer mehr Kürzungen bei den Sozialleistungen sorgten ab 2003 für viel Unmut in der Bevölkerung. Vor allem das Hartz-IV-Gesetz brachte die Menschen auf, zumal es die Arbeitslosigkeit nicht senken konnte.

Wie kam es zur Großen Koalition?

Bei der vorgezogenen Bundestagswahl 2005 bekam keine Partei und auch keines der angestrebten Bündnisse die absolute Mehrheit. Deshalb schlossen sich die beiden großen Parteien CDU und SPD zu einer Koalition zusammen – obwohl sie sich vor der Wahl heftig bekämpft hatten. Bundeskanzlerin wurde die CDU-Vorsitzende Angela Merkel.

Seit 1. 1. 2002 ist der Euro das alleinige Zahlungsmittel in zwölf der inzwischen 25 EU-Staaten.

Was bedeutet die EU für die Menschen?

Jeder Bürger der EU kann in jedem der Mitgliedsländer arbeiten und wohnen; er braucht kein Visum und keine Arbeitserlaubnis mehr. Für Deutschland ist das eine Herausforderung. Denn bisher ist es noch nicht einmal gelungen, die aus der Türkei stammenden Mitmenschen, die einst als Gastarbeiter kamen, richtig in die Gesellschaft einzugliedern. Die Angst, billige Arbeitskräfte aus ärmeren Ländern könnten den Deutschen die Arbeit „wegnehmen", führt zu verstärkter Intoleranz gegenüber ausländischen Arbeitern und auch Asylanten. Im neuen Jahrtausend steht Deutschland vor der Aufgabe, sich als weltoffener Staat zu beweisen.

Angela Merkel (geb. 1954) ist die erste Bundeskanzlerin Deutschlands. Sie führt seit 2005 die Regierung aus CDU und SPD an.

Was ist die EU?

Die Europäische Union ist ein Staatenbund, der mittlerweile 25 Länder umfasst: Belgien, Dänemark, Deutschland, Estland, Finnland, Frankreich, Griechenland, Irland, Italien, Lettland, Litauen, Luxemburg, Malta, Niederlande, Österreich, Polen, Portugal, Schweden, Slowakei, Slowenien, Spanien, Tschechien, Ungarn, Vereinigtes Königreich und Zypern. Durch den Euro, der 2002 in Deutschland und weiteren elf Ländern eingeführt wurde, ist Europa im Bewusstsein der Menschen ein Stück zusammengewachsen.

Die europäische Flagge wurde schon 1955 vom Europarat eingeführt. Sie ist bis heute das Symbol für ein vereintes Europa.

Quiz – Fragen

Kapitel 1 – Die Anfänge unserer Geschichte

1. Wann begann und wann endete die Steinzeit?
2. Ab wann entwickelten sich die Menschen in Mitteleuropa zu Bauern?
3. Wem verdanken wir die genauesten Beschreibungen der Germanen?
4. Wie nennt man die germanischen Schriftzeichen?
5. Wer siegte in der großen Varus-Schlacht im Jahr 9 n. Chr.?
6. Was ist der Limes?
7. Wann war die Hauptzeit der großen Völkerwanderung?
8. Was gilt als Auslöser der Völkerwanderung?

Kapitel 2 – Das Mittelalter

1. Aus welchem Reich entwickelte sich Deutschland?
2. Wer war der erste deutsche Kaiser?
3. In welchem Stand lebten die meisten Menschen im Mittelalter?
4. Wer waren die Templer?
5. Wann fanden die Kreuzzüge statt?
6. Was sind Motten?
7. Wie nannten sich die Bündnisse der Handwerker?
8. Was war die größte Katastrophe des Mittelalters?

Kapitel 3 – Die frühe Neuzeit

1. Wer erfand den Buchdruck mit beweglichen Lettern?
2. Wer waren die Fugger?
3. Wann war der Höhepunkt der Hexenverfolgung?
4. Gegen welchen Missstand protestierte Luther 1517?
5. Was war der längste Krieg der Neuzeit?
6. Was bedeutet Absolutismus?
7. Wie hießen die Vorläufer der Fabriken?
8. Unter welchem König wurde Preußen zur Großmacht?

Kapitel 4 – Die Zeit des Bürgertums

1. Was endete im Jahr 1806 nach rund 800 Jahren?
2. Durch wen wurde in Preußen die Unfreiheit der Bauern abgeschafft?
3. Wann war die französische Besatzung der deutschen Länder zuende?
4. Wie hießen die Studentengruppen, die ein vereintes Deutschland anstrebten?
5. Aus wievielen unabhängigen Ländern bestand Deutschland um 1850?
6. Wann und wo fuhr die erste deutsche Eisenbahn?
7. Wie wird die Revolution von 1848 genannt?
8. Wie wurde das erste gesamtdeutsche Parlament genannt?

Kapitel 5 – Das Kaiserreich

1. Welcher Krieg ging der Gründung des Kaiserreichs voraus?
2. Was war Wilhelm I., bevor er deutscher Kaiser wurde?
3. Wer war der erste Kanzler des Kaiserreichs?
4. Wie werden die ersten Jahre des neuen Deutschen Reichs genannt?
5. Warum war das Wahlrecht im Kaiserreich ungerecht?
6. Was war der Auslöser des Ersten Weltkriegs?
7. Wann begann und wann endete der Erste Weltkrieg?
8. Was geschah am 9. November 1918?

Kapitel 6 – Republik und Diktatur

1. Wie wird das Deutsche Reich von 1919 bis 1933 genannt?
2. Wie hieß der Friedensvertrag, den Deutschland mit den Siegern des Ersten Weltkriegs schloss?
3. Was waren die Spartakisten?
4. Wie nennt man die Zeit von 1924 bis 1929?
5. Wann wurde Adolf Hitler zum Kanzler ernannt?
6. Was war die Weiße Rose?
7. Wann begann und wann endete der Zweite Weltkrieg?
8. Welche Schlacht führte zur Wende des Weltkriegs?

Kapitel 7 – Deutschland nach 1945

1. Wann wurden BRD und DDR gegründet?
2. Wer gilt als „Vater des Wirtschaftswunders"?
3. Was bedeutet die Abkürzung VEB?
4. Wann wurde die Berliner Mauer gebaut?
5. Wer war Rudi Dutschke?
6. Welcher Kanzler bekam 1971 den Friedensnobelpreis?
7. Wie lange Helmut Kohl Bundeskanzler?
8. Wann war die Maueröffnung und wann die Wiedervereinigung?

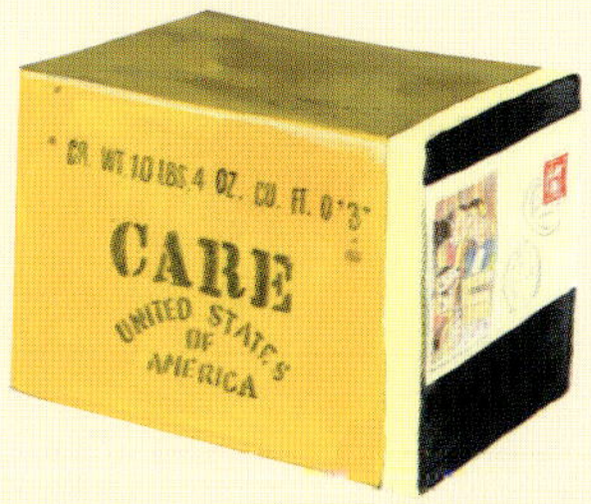

Quiz – Antworten

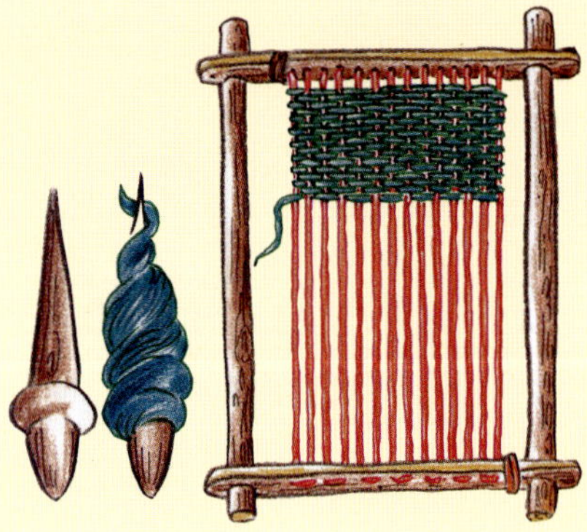

Kapitel 1

1. von etwa 500 000 bis um 4300 v. Chr.
2. ab etwa 8000 v. Chr.
3. Tacitus
4. Runen
5. die Germanen unter Arminius
6. eine 558 km lange römischen Befestigungsanlage
7. von etwa 400 bis 600 n. Chr.
8. der Einfall der Hunnen im Jahr 375

Kapitel 2

1. aus dem Frankenreich
2. Karl der Große (747–814)
3. als unfreie Bauern
4. ein mächtiger Ritterorden
5. von 1096 bis 1291
6. die ersten einfachen Holzburgen
7. Zünfte
8. Die Große Pest von 1347–1352

Kapitel 3

1. Johannes Gutenberg
2. eine mächtige Händlerfamilie aus Augsburg
3. 1590 bis 1630
4. gegen den Handel der Kirche mit Ablass-Scheinen
5. der Dreißigjährige Krieg 1618–1648
6. dass ein Herrscher die uneingeschränkte Macht hat
7. Manufakturen
8. unter Friedrich dem Großen

Kapitel 4

1. das Heilige Römische Reich Deutscher Nation
2. durch den Minister Freiherr vom und zum Stein
3. 1814
4. Burschenschaften
5. aus 35 Staaten und vier Freien Städten
6. am 7. Dezember 1835 von Nürnberg nach Fürth
7. Märzrevolution
8. Frankfurter Nationalversammlung

Kapitel 5

1. der Krieg gegen Frankreich 1870
2. preußischer König
3. Otto von Bismarck
4. Gründerjahre
5. weil es die Armen benachteiligte und weil nur Männer wählen durften
6. das Attentat von Sarajevo
7. 1914 und 1918
8. Der Kaiser musste abdanken und die Republik wurde ausgerufen.

Kapitel 6

1. Weimarer Republik
2. Versailler Vertrag
3. Kommunisten, die sich von der SPD abgespalten haben
4. die Goldenen Zwanziger
5. am 30. Januar 1933
6. eine studentische Widerstandsgruppe
7. 1. September 1939 und 8. Mai 1945
8. die Schlacht von Stalingrad 1943

Kapitel 7

1. im Mai und Oktober 1949
2. Ludwig Erhard
3. Volkseigener Betrieb
4. August 1961
5. ein Führer der Studentenbewegung
6. Willy Brandt
7. 16 Jahre, von 1982 bis 1998
8. am 9. November 1989 und 3. Oktober 1990

Wichtige Ereignisse aus der deutschen Geschichte

500 000 v. Chr.–800 n. Chr.

ab 500 000 v. Chr. Die ersten Menschen in Europa leben in der Regel als Jäger und Sammler in kleineren Horden zusammen.
500 000 v. Chr. Am Oberrhein lebt der *Homo heidelbergensis*.
ab 200 000 v. Chr. In verschiedenen Gebieten Europas lebt der Neandertaler.
ab 8000 v. Chr. Die Menschen werden sesshaft, die ersten Siedlungen entstehen.
ab 5000 v. Chr. Die Siedlungen werden langsam größer.
ca. 1800 Die Bronzezeit beginnt.
1000 v. Chr. Die ersten Germanenstämme dringen bis an Elbe und Rhein vor.
800 v. Chr. Die Eisenzeit beginnt.
ab 450 v. Chr. Die Kelten siedeln in Oberfranken, die ersten Stadtanlagen entstehen.
ab 200 v. Chr. Die Germanen stoßen an die Grenzen des Römischen Reiches.
9 In der Varusschlacht lockt der Cherusker Arminius drei römische Legionen in einen Hinterhalt und beendet die Römerherrschaft.
90 Germanien wird in die Provinzen Germania superior (Hauptstadt Mainz) und Germania inferior (Hauptstadt Köln) aufgeteilt.
ab 256 Die Franken überschreiten den Main, die Alemannen gelangen bis nach Mailand.
375 Die Hunnen erobern das ostgotische Reich, die Große Völkerwanderung beginnt.
ab 395 Alarich, König der Westgoten, erobert den Balkan und greift Italien an.
436 Gründung des Alemannenreiches am Oberrhein.
451 In der Schlacht auf den Katalaunischen Feldern besiegen Römer, Franken und Westgoten gemeinsam die Hunnen unter Attila.
482 Chlodwig I. wird König der Franken.
511 Das Frankenreich wird unter den vier Söhnen Chlodwigs aufgeteilt.
534–548 Unter Theudebert I. wird das Frankenreich zur führenden europäischen Macht.
629–639 König Dagobert I. herrscht über ein einheitliches fränkisches Reich, das nach seinem Tod zunehmend zerfällt.
687 Pippin II. der Mittlere wird Herrscher über das Frankenreich.
ab 714 Der Hausmeier Karl Martell begründet die Dynastie der Karolinger.
751 Der Hausmeier Pippin wird zu König Pippin I.
754 Pippin I. schenkt dem Papst Gebiete in Mittelitalien.

800–1440

800 König Karl I. wird von Papst Leo III. zum Kaiser gesalbt.
843 Der Vertrag von Verdun teilt das Reich unter Lothar I. (Mittelfranken, Burgund, Provence, Italien), Ludwig dem Deutschen (Ostfranken) und Karl dem Kahlen (Westfranken) auf.
885–887 Unter Kaiser Karl III. wird das Frankenreich noch einmal vereinigt.
955 Otto I. schlägt Slawenaufstände in Brandenburg und Mecklenburg nieder und besiegt in der Schlacht auf dem Lechfeld die Ungarn.
962 Otto I., der Große, wird in Rom vom Papst zum Kaiser des Heiligen Römischen Reiches gekrönt.
996 Kaiserkrönung Ottos III. durch Papst Gregor in Rom.
1076 Beginn des Investiturstreits: Heinrich IV. erklärt Papst Gregor VII. für abgesetzt und wird von diesem exkommuniziert.
1077 Um seinen Kirchenbann zu lösen, unternimmt Heinrich IV. eine Bußreise nach Canossa („Gang nach Canossa").
1080 Heinrich wird zum zweiten Mal exkommuniziert. Darauf wählt die Mehrzahl der deutschen und lombardischen Bischöfe einen Gegenpapst.
1096–1099 Erster Kreuzzug.
1122 Das Wormser Konkordat beendet den Investiturstreit.
1147–1149 Zweiter Kreuzzug.
1155 Friedrich Barbarossa wird zum Kaiser gekrönt.
1189–1192 Dritter Kreuzzug.
1202–1204 Vierter Kreuzzug.
1217–1220 und **1228–1229** Fünfter Kreuzzug.
1212 Der Kinderkreuzzug endet in Brindisi.
1248–1254 Sechster Kreuzzug.
1254 Beginn des „Interregnums" mit zwei Königen, die einander bekämpfen.
1270 Siebter Kreuzzug.
1273 Rudolf I. von Habsburg wird zum alleinigen König gewählt.
1356 Mit der „Goldenen Bulle" wird eine verbindliche Regelung für die Königswahl erlassen.
1378 Mit dem Tod Karls IV. beginnt der Machtverfall des Kaisertums.
1417 Während des Konzils von Konstanz (1414–1418) wird Papst Martin V. gewählt und allgemein anerkannt.

1440–1800

1440 Friedrich III. wird König (ab 1452 Kaiser), verliert aber im Lauf seiner über 50-jährigen Regierungszeit immer mehr Macht.
1452 Friedrich III. wird in Rom zum Kaiser gekrönt.
1474 In Konstanz werden die Konflikte zwischen Habsburgern und Eidgenossen durch die „Ewige Richtung" beigelegt.
1495 Auf dem Reichstag zu Worms wird die Reichsverfassung reformiert und der „Ewige Landfrieden" verkündet.
1517 Luther veröffentlicht seine 95 Thesen.
1519 Karl V. wird Kaiser und herrscht über das größte Reich seit Karl dem Großen.
1524/25 Im süddeutschen Raum tobt der Bauernkrieg.
1555 Der Augsburger Religionsfrieden regelt das Nebeneinander von Katholiken und Protestanten.
ab 1564 Kaiser Maximilian II. fördert den Protestantismus im Reich.
ab 1576 Kaiser Rudolph II. leitet die Gegenreformation ein.
1609 Die katholische Liga wird gegründet.
1618 Der Prager Fenstersturz löst den Dreißigjährigen Krieg aus.
1648 In Münster wird der Westfälische Friede geschlossen.
1683 Ein türkisches Heer belagert Wien, wird aber schließlich geschlagen.
1685 Das Edikt von Potsdam garantiert den Hugenotten Toleranz in Preußen.
1699 Der Friede von Karlowitz beendet die Türkenkriege.
ab 1713 Unter dem Soldatenkönig Friedrich Wilhelm I. wird Preußen ein straff verwalteter Militär- und Beamtenstaat.
1713 Die „Pragmatische Sanktion" Karls VI. ermöglicht die weibliche Erbfolge auf dem Kaiserthron.
ab 1740 Friedrich der Große begründet den „aufgeklärten Absolutismus".
1745 Im Frieden von Dresden bekommt Preußen Schlesien zugesprochen.
ab 1763 Das Ende des Siebenjährigen Krieges läutet eine 30-jährige Friedensperiode ein.
1789 Die französische Revolution löst auch in Deutschland kleinere Unruhen aus.
1792 Frankreich erklärt Österreich und dem verbündeten Preußen den Krieg.
1795 Preußen schließt einen Sonderfrieden mit Frankreich.
1797 Mit dem Frieden von Campoformio endet der 1. Koalitionskrieg.

1800–1900

1803 Napoleon teilt Deutschland völlig neu auf.
1806 Kaiser Franz II. legte die Krone nieder, das Heilige Römische Reich Deutscher Nation ist am Ende.
1813 Im Rahmen der Befreiungskriege kommt es zur Völkerschlacht bei Leipzig. Sie endet mit einer Niederlage der napoleonischen Truppen.
1814/15 Auf dem Wiener Kongress kommt es zu einer Neuordnung der europäischen Länder.
1832 Auf dem Hambacher Fest kommt es zu einer großen Kundgebung fortschrittlich denkender Bürger.
1834 Mit der Gründung des Deutschen Zollvereins bilden die meisten deutschen Länder eine Wirtschaftsgemeinschaft.
1844 Soziale Missstände führen zum schlesischen Weberaufstand.
1848 Die Märzrevolution zwingt Metternich zum Rücktritt, im Juni tritt die Nationalversammlung in der Frankfurter Paulskirche zusammen.
1849 Die Nationalversammlung wird aufgelöst.
1862 Otto von Bismarck wird preußischer Ministerpräsident.
1866 Der Norddeutsche Bund wird gegründet.
1870 Frankreich erklärt Preußen den Krieg, die süddeutschen Staaten und der Norddeutsche Bund schließen sich zum Deutschen Reich zusammen.
1871 Der Krieg mit Frankreich endet mit dem Anschluss von Elsass-Lothringen ans Deutsche Reich.
1871 Bismarck leitet den „Kulturkampf" mit der katholischen Kirche ein.
1878 Die Sozialistengesetze verbieten jegliche sozialistischen Aktivitäten im Deutschen Reich.
1881 Bismarck beginnt mit dem Aufbau von Sozialgesetzen.
1884 Deutschland gründet Kolonien in Afrika und in der Südsee.
1888 Das „Dreikaiserjahr" endet mit der Thronbesteigung Wilhelms II.
1890 Bismarck wird entlassen.
1891 Der „Alldeutsche Verband" wird gegründet.
1892 Auf dem ersten Kongress deutscher Gewerkschaften treffen sich über 300 000 Menschen.

1900–1960

1900 Im Deutschen Reich tritt das Bürgerliche Gesetzbuch in Kraft.
1904 In der Kolonie Deutsch-Südwestafrika wird der Herero-Aufstand niedergeschlagen.
1905 Der „Deutsche Städtetag" wird gegründet.
ab 1906 Die Rivalität mit Großbritannien führt zu einem Wettrüsten.
1912 Die Sozialdemokraten werden stärkste Partei im Reichstag.
1914 Die Ermordung des österreichischen Thronfolgers führt zum Ausbruch des Ersten Weltkriegs.
1918 Die deutsche Führung erklärt den Krieg für verloren.
1918 Die Novemberrevolution zwingt den Kaiser zur Abdankung.
1919 In Versailles wird der Friedensvertrag unterzeichnet.
1923 Auf dem Höhepunkt der Inflation wird die Rentenmark eingeführt.
1923 Französische und belgische Truppen besetzen das Ruhrgebiet.
1929 Die Weltwirtschaftskrise lässt die Zahl der Arbeitslosen ansteigen.
1933 Adolf Hitler wird Reichskanzler. Kurze Zeit später entmachtet sich das Parlament mit dem „Ermächtigungsgesetz".
1938 In der Reichspogromnacht werden überall in Deutschland Juden verhaftet, verfolgt und misshandelt.
1939 Mit dem Einmarsch deutscher Truppen in Polen beginnt der Zweite Weltkrieg.
1940 Am 14.6. besetzen deutsche Truppen Paris und große Teile Frankreichs.
ab 1940 Luftschlacht um England.
1941 Deutsche Truppen fallen in der Sowjetunion ein; die ersten Vernichtungslager werden gebaut.
1944 Am 6.6. landen die Alliierten in Nordfrankreich und starten die kriegsentscheidende Offensive.
1945 Hitler begeht Selbstmord, und die deutsche Heeresführung unterzeichnet die bedingungslose Kapitulation.
1949 Gründung der BRD und DDR.
1951 Die Westmächte beenden formell den Krieg mit Deutschland.
1954 Die BRD wird in die Westeuropäische Union (WEU) aufgenommen.
1955 Die DDR wird Mitglied des neu gegründeten Warschauer Paktes, die BRD tritt der NATO bei.

1960–2006

1961 Die DDR errichtet eine Mauer quer durch Berlin, um Republikflucht zu verhindern.
1964 Die DDR unterzeichnet ein Freundschaftsabkommen mit der UdSSR.
1966 In der BRD wird eine „Große Koalition" gebildet.
1969 Willy Brandt wird der erste sozialdemokratische Bundeskanzler der BRD.
1971 Erich Honecker wird Nachfolger von Walter Ulbricht als Generalsekretär der SED.
1971 Willy Brandt erhält den Friedensnobelpreis.
1972 Der Grundlagenvertrag zwischen BRD und DDR wird unterzeichnet.
1977 Zahlreiche Terroranschläge erschüttern die BRD.
1980 „Die Grünen" werden gegründet.
1981 Rund 300 000 Menschen demonstrieren in Bonn gegen die atomare Aufrüstung.
1982 Beginn der Friedensbewegung in der DDR.
1982 Helmut Kohl wird Bundeskanzler.
1989 Die DDR öffnet die Grenzen zur BRD.
1990 Die DDR tritt der BRD bei. Damit ist die deutsche Einheit vollzogen.
1992 Der Vertrag über die Gründung der Europäischen Union wird unterzeichnet.
1994 Helmut Kohl wird zum fünften Mal zum Bundeskanzler gewählt.
1995 Die EU wächst enger zusammen, an der deutsch-französischen Grenze wird nicht mehr kontrolliert.
1998 Nach den Wahlen gibt es erstmals eine rot-grüne Bundesregierung unter Bundeskanzler Schröder und Außenminister Fischer.
2001 Die Terroranschläge auf das World Trade Center in New York erschüttern auch Deutschland.
2002 Die rot-grüne Regierung erringt einen knappen Wahlsieg und bliebt im Amt.
2005 Das Hartz-IV-Gesetz tritt in Kraft; erstmals in der Geschichte der Bundesrepublik steigt die Zahl der Arbeitslosen auf über fünf Millionen.
2005 Im September kommt es zu vorgezogenen Neuwahlen; CDU und SPD schließen sich zu einer Großen Koaltion zusammen.
2006 Angela Merkel (CDU) wird Bundeskanzlerin.

Bildnachweis

Illustrationen
Alle Illustrationen von Kyra Stempell, außer:

Böhme, Lorenz: 21 u., 23 M., 26, 31, 40 u., 90
Parragon: 6 u., 10 u., 11 o., 15 u., 20 u., 23 u., 27, 28, 34 u., 41 u., 46 u., 52 u., 62 u., 88 u., 102 u., 109 u.,

Fotos
Archiv Ditter: 39 u., 89 u.
Block, Mathias: 122 M.l., 131 M.r.,
Corbis: Bettmann 125 o., Bossu Regis/Sygma 125 u., Bossu Brucelle/Sygma 128 r., Bernard Bisson/Sygma 130 u.l., Fabrizio Bensch/Reuters 134 o., David Bathgate 135 u.l.
Deutsche Burgenvereinigung e.V.: 32 u.
Ditter, Michael: 80
Dresden Werbung und Tourismus GmbH/ Christoph Münch: 54 u., 55 u.
Franz, Cornelia: 119 o.
Landesverband Lippe, Hermannsdenkmal-Stiftung, Lemgo: 15 o.
Jahn Förderverein/Jahnmuseum in Freyburg a. d. Unstrut: 68 u.l.
Konrad-Adenauer-Stiftung: 128 o.
Land Berlin/Thie: 80 o.
Leipzig Tourist Service e.V. / Schmidt: 67
Lüdicke, Inge: 108 l., 110 r.,
Presseamt Stadt Münster: 53 u.
Redaktion EMMA, Köln: 126 o.
Rendok, Irina: 30 u., 56 u., 107 u.l., 132 M.l., u.l.
Rendok-Green, Barbara: 59 o.l.
Reprint-Verlag, Leipzig: 49 M.
S. Fischer Verlag, Frankfurt am Main: 107 u.r.
Sammlung Heinz Bosch: 85 o.l., 86 u., 87 u., 101, 118
Stadt Frankfurt am Main / Presse- und Informationsamt: 74 u.
Stadtarchiv Geldern: 98
Städtisches Museum Lemgo: 49 o.
ThyssenKrupp AG: 73 u.l., u.r.
Wartburg-Stiftung Eisenach, Fotothek: 50 M.

Karten und Grafiken
Alle Karten und Grafiken: Stefanie Baldus

Register